CAMINO A LA VIDA

Jaime Rodríguez

Primera Edición
2008

Camino a la Vida, Copyright© 2008 ISBN 9781-4404-1-2134
Semillas Espirituales, Copyright© 2005, Jaime Rodríguez.
Más Allá del Amanecer, Copyright© 2007, Jaime Rodríguez

Ilustraciones internas son adaptaciones
De The Big Box of Art, Hemera Image.
La gráfica del cuadrante es original del autor.

Foto de la portada original de Adriana Vásquez,
De la Isla Diamantina pertenece a
Photos.com. ©2007 JUPITERIMAGES.

Primera opción para comprar el libro en:
http://CreateSpace.com/
Segunda opción, Amazom.com.
Después de leer la obra, consulte
Sobre temas especiales o personales a
jaimero43@hotmail.com

CAMINO A LA VIDA

SEMILLAS ESPIRITUALES

Somos Celestiales

EVOCACION PARA

Stella, dulce esposa, estrella de mi vida;
Adriana, fabulosa hija, Orlando, gran yerno;
Virginia, Isabel, Emma, tiernas nietas;
Jaime Arturo, noble hijo y Alba Milena, dulce nuera;
Angela y nietos Martín, Daniel en North Liberty
Alex y la primera nieta Maria Camila en Colombia.

José del Carmen, padre amigo;
Gustavo Adolfo, hijo sacrificado y
Arturo, suegro, paisa pionero,
Juntos, desde un lugar en la eternidad!

Inés, abnegada madre, enseña coraje;
Gloria, Germán, Marina, Alberto y Teresa,
Hermanos del alma, muestran diversidad en la vida.

Amparo Vidal Cardona desde tierno
Palco en Internet inspira varios
Mensajes en "Camino a la Vida."
El Hermano Alberto Alcívar, ilustra la Humildad.
Con Olga y Blanca Cecilia, interpretamos
"Nadie hace todo lo aprendido,
Nadie sabe todo lo realizado" comentado en
Sueños Testimoniales.

Calarcá (Q.), ciudad natal,
Gimnasio del Pacifico en Tuluá (V),
Universidad del Valle en Cali (C)

Para todos:
 Eterna gratitud; ahora
 En *generosa vida,*
 Compartimos celestial esperanza.

Gemas esculpidas por ilustres autores,
Reflexiones de tutores, estudiantes,
Aportes sutiles de agentes comunitarios,
Cubiertos por divino manto
Iluminan la obra llegada a tus manos.
Alza fascinante vuelo espiritual
Supera lánguida atadura terrenal.

CAMINO EN LA PORTADA

Desde lejana posición, anhelante ser observa los variados contornos de la naturaleza, siente y considera inaccesible la cima de la montaña en lejano y nublado horizonte.

Impactado por la melancolía del panorama, pregunta: *"Y dónde está el camino, si hay alguno?"* Imagina una carretera, ferrocarril, aeropuerto en gran auge comercial y atracción turística. *"Sería lo mismo de similares centros; es suficiente de tanta concentración del poder económico, cultural; siento nostalgia por algo diferente."* Frustrado por ciclos de poder y éxito terrenal, el *Rezagado* espiritual frente al colosal panorama no capta especial ruta, añora cambiar.

Curiosidades de la vida! Al regresar de familiar descanso, la foto seleccionada resolvía interna búsqueda para sintetizar el significado global de la obra: *La búsqueda no era terrenal, la anhelada conexión desborda humanos linderos.*

Avanzado caminante integra aportes sicológicos con global *percepción divina* superando terrenales propuestas de ser conducidos a celestial mansión. Supera la diversidad formal en varias religiones y acepta la unicidad del *Camino* creado por radiante fuerza; brotando la salida de asfixiante rutina.

Divinos emisarios inspiran especiales detalles sobre la *felicidad y verdad* conducentes a superior *vida*, relatada en el *Ramillete de Opciones*. Proclaman además, tierna cita del Maestro de Maestros, *"Yo Soy el Camino..."* En peculiar ascenso, *Iniciados* seres aceptan sagrado compromiso de retornar y ayudar nuevos aspirantes.

Regrese a la portada, apreciado Lector(a), visualice especial conexión a la cima de lejana montaña por *camino* de doble vía con *aspirantes*, *iniciados*, y *ángeles*, irradiado con Luz del Maestro; suelte viejas cadenas, acepte cordial invitación.

SIMBOLICO ASCENSO

Nuestra mente racional apoyada con la voluntad, guía el aprendizaje práctico y académico para escapar de tedioso fracaso o lograr variable éxito en la vida personal, grupal. Cultivar al máximo la visión reflexiva, Pág. 126, activa la captación de velada enseñanza de la naturaleza, las cuales por analogía, profundizan la comprensión del mundo exterior sin prioridad a lo interno en el humano. *"Las ramas impiden ver al bosque,"* describe bien al ser unidimensional ubicado por debajo o a nivel de instintiva conciencia. Y surge crucial simbolismo, descrito en todas las culturas, de *ascender a la montaña* y rasgar implícito velo de rutinario sobrevivir.

Página blanca de la vida se inicia con el punto central al nacer, se extiende con el radio al crecer y al finalizar etapas del desarrollo, completa el círculo. *"Todos llevamos una cruz en la vida,"* se refiere a vaga percepción de la interna cruz de brazos iguales en la rueda de la vida por cuatro sendas.

Arte, música, poesía, especiales facultades, sin revelar el *Camino* a recorrer ni la dotación requerida sólo ayudan a esporádico y fugaz encuentro en superiores dimensiones. Esencial, aceptar y recorrer el siguiente proceso:

Pronto acosa consumidor enfrentamiento a la dualidad, ilustrada por fracaso, éxito; odio, amor. Muchos han de caer en garras del mundo de dos dimensiones; pocos aceptan cordial invitación a la fase tridimensional, recibida al volar en sueños, en "corazonadas," e intuiciones El ascenso amerita nuevo combustible, planear en espiral y con especial atención escuchar eterna invitación del Galileo, *"Yo Soy el Camino, la Verdad y la Vida,"* para aceptar incondicional conducción hacia lo celestial. Descarte rutinario enfoque, cultive la Imaginación Creativa, avancemos juntos; fomentar solidaridad con urgidos seres es mandatorio.

LEVANTATE Y CAMINA

"Impresionado por oscura apariencia del lago, regresamos del vespertino paseo animados para compartir lo observado con esperanza de propiciar iluminación para todos."

El mundo pleno de inter relaciones facilita mutua ayuda en personal y colectivo avance. Lejos de rígida adherencia a tradicionales organizaciones o notables líderes aceptamos dinámica alternancia entre dirigir, ser dirigidos sin celos de autoridad ni poder. Orientación y contenido de la obra reflejan esmerada lectura de diversos autores con frecuente y serena meditación en el lago cercano a la residencia. Allí captamos grandiosas enseñanzas de la madre natura esparcidas a lo largo del texto. Obsérvelas, si es posible encuentre similar sitio para enriquecer su autoaprendizaje.

Apreciado Lector, seguro ha escuchado frases similares al anterior título en el sentido de estimular al ser querido por buscar remedio a la enfermedad, salir de crisis emotiva, enfrentar pérdida económica, superar duelo al perder un familiar. Mensaje de fortaleza clama: *"Ya sucedió, a luchar y salir adelante!"* Por favor, repita, *Levántate* en los...

"...Y estudia, trabaja," sugieren padres en tono persuasivo, autoritario a los hijos para estimular éxito académico, financiero. Por supuesto, implícita existe la necesidad de anhelar una meta, misión por asegurar en el futuro. Tenaz, inoportuna solicitud tornan respuesta de los hijos en sentido opuesto, con desastrosas opciones. Armonice la sugerencia.

"...Y arreglemos o acabemos el matrimonio," exige uno de los cónyuges cuando el amor cambia de hogar. Según limitantes y potenciales superan la crisis o ingresan al grupo de separados con nocivo efecto en el ambiente cercano.

"...*Y demuestra en vida*," doloroso reclamo frente a la muerte del ser querido a quien olvidamos, negamos ayuda y comprensión. Tardío lamento induce prolongado duelo, enfermizo arrepentimiento de profundas cicatrices.

Visualizadas relaciones personales y familiares, ampliemos la óptica a otros ambientes, solicitando al Lector consignar su propio escenario e iniciar personal diario, ordenándose, "*Levántate y Escribe!*"

"... *Y mejora las condiciones de trabajadores; expande tu capacidad laboral; participa en lo social y político, mejora condiciones ambientales.*"

... *Y afianza tu vocación religiosa, con énfasis en criterios universales de unidad, menos relieve en diferencias* "

Centremos ahora, similar recorrido en usted mismo, en cada uno de nosotros: Acaso lleva pesada carga de recuerdos tristes y dolorosos? Se mitigan a veces con remembranzas agradables, placenteras? Su vida actual trascurre en angustioso fracaso o brillante éxito; acude al licor, drogas, escondido en maníaca dependencia al trabajo? Quizás ligeros terapeutas le critican por tendencia a la perdición o elevan estima al calificar correcto su deambular. Sufre de apatía, alergia por temas espirituales y mira con lejano respeto a seres caminando por especial sendero?

Cuál es la conexión entre el anhelo de salir de lo pernicioso hacia lo auténtico? Sendero, búsqueda, senda simbolizan el vínculo entre lo ilusorio y lo real. Abriga cálida compañía al saber, aceptar la oferta del *Camino a la Vida*, para con ritmo e intensidad peculiar, sin barrera racial, cultural, religiosa iniciar todos, majestuoso rumbo a lo celestial.

En breve, Camino, implica divina conexión,

"Al amanecer, nítida silueta del bosque en tranquila agua del lago recuerda la existencia de los opuestos. Sin embargo, el reflejo cambia su forma e inclusive desaparece debido a imprevista tempestad." Odio, violencia ameritan interna catarsis para florecer el amor y la paz. Persiste desde ahora.

Por el Camino acceden a lo celestial buenos y malos en Occidente; logran auto realización y Nirvana en Oriente al trascender variadas dicotomías. El Camino ha sido creado, no es obra humana; disponible para todos; nadie puede hacerlo por otro; individual, cada uno debe asimilar, expandir su interno aprendizaje. Haz la decisión de caminar, iremos juntos largo trayecto porque al digerir el contenido, lo esencial es aplicarlo en cada una de nuestras vidas.

ABSTRACCION SOBRE EL SENDERO

Múltiples divagaciones suscita la primaria opción del término *"Camino"* sólo usado en la obra con el previo significado.

El propósito del viaje, vacación, negocio, dónde estudiar determina alternativas de transitarlo según prioridades y recursos. En muchas fases de la vida, inmadura misión, ignorancia de potenciales o actuales habilidades, impiden seleccionar la ruta a seguir. Popular aforismo, *"Ni siquiera conozco la ruta por seguir,"* semblanza de coraje, amerita solemne precisión del vocablo en referencia.

Dicho avance es precedido, según Romildo Risso, por ruidos de corroídos ejes sin engrasar: *"Es demasiado aburrido seguir la huella, sin entretenimiento, sin pensar en nada."* El lamento, pese a la tristeza, melancolía es fruto de incipiente conciencia y de todas maneras el lento recorrido en vieja carreta, deleita en el paisaje, en el trinar de aves, agudizando indispensable observación. Sin duda, podemos adornar el nuevo lindero con delicado panorama!

Partidarios del libre albedrío, cada persona lucha por su destino forjado por internos anhelos o impuesto desde el exterior por dominantes y variables autoridades. En virtual rodeo a sus metas en la vida, aprecie, si especial obsesión, interés, sumisión le angustia. Rompa dichas cadenas.

Compartir experiencias en la enseñanza, libros, canciones, poesías, imita al escape de la fragancia al abrir la flor sus pétalos; noble servicio, libre de presión y autoridad, es camino a la felicidad, verdad y vida. Hermoso recorrido se ilumina, según Dogen, tormentas, calamidades inherentes a humana naturaleza se transforman con serena actitud interior al avanzar:

> "Observa reflejo de la luna en el agua:
> La luna no se moja, el agua no se perturba.
> Igual, la iluminación no altera a la persona.'
> Puedes tú actuar en similar forma?

Mezclados, hacia adelante van aspirantes de diverso grado y regresan de la montaña iniciados seres para cumplir renovada promesa. Ancha, estrecha ruta, de doble sentido, crucial en mutuo aprendizaje, genera optimismo.

Suspendemos el abre bocas al aceptar inminente efluvio de aportes al persistir con ampliada visual.

RUMBO A LA FELICIDAD

*"Corriendo van por el hermoso mundo,
Angustiados como el niño persigue al
Arco iris, siempre lejano en el más allá*

*Busqué apoyo, satisfacción en mi vida;
Divorciado, no repetiré errores,
Plenos con la llegada de hijos,*

Y tristes cuando algunos se van sin decir adiós!
Aprendí a manejar circunstancias y personas,
Tuve riqueza, rodeado de placer, abracé al éxito;
Y el arco iris, siempre lejano en el más allá!

Abandona errática búsqueda
Entre personas, circunstancias.
Integra actitud, actos en abrazo espiritual
Y el arco iris ha de fluir dentro de tí!"

Por supuesto, hemos experimentado momentos felices en el noviazgo, matrimonio, llegada de hijos, en la graduación, éxito laboral, festejos familiares. Con placer mostramos el álbum de fotos, en cálido intento de conservar recuerdos visuales. Igual hay episodios felices al vencer crisis, reconciliación con extraviado hijo; transformar duelo por muerte del ser querido; superar aprieto social, económico.

Y tú, sin la prisa del tiempo, qué necesitas para ser feliz; cuáles circunstancias, cosas, personas, debes retener o cambiar? Hay seres lejanos de sentirse realizados, todo les fastidia y corren por lindo mundo desesperados cual niño afanado persigue el arco iris. Es lo anterior real, ilusorio? Aprende a superar la duda.

En pausado e interno proceso de auto conciencia, apreciado Lector, ensaye, ajuste, integre, el conjunto de mensajes ofrecidos en complejidad progresiva. Sin fórmulas ni recetas mágicas, alertas a sabias lecciones de la vida camufladas en dificultades, retos, abramos corazón, mente para tejer y aplicar dichas exhortaciones.

FUGACES PERIODOS

Escapadiza felicidad brinca entre pesados episodios de tristeza, pesimismo y dolor. Recuerde la suave caricia de la brisa marina calmando al cuerpo, sin abrazar al viento y menos saber de dónde viene, adónde se dirige! Agil entre tiernos y rústicos eventos de la vida, la felicidad es similar al escape entre los dedos del agua de fresca ducha: Imposible retener, poseer, sólo podemos acariciarla.

Pasivos, recibimos en el vientre materno el misterio del mágico desarrollo hasta cuando fuertes contracciones nos empujan a eterno túnel para recibir la primera palmada y llorar con fuerza mientras todos ríen! Desde entonces, nuestro avanzar queda marcado por variados contrastes de parar, avanzar; llanto, sonrisa; oscuridad, luz

Luego, en plácida niñez, sin angustia frente a la escasez o abundancia, *sin* juzgar mala, buena, la oferta del adulto, siempre surge la sonrisa. Momentos de alegría al celebrar la llegada al mundo físico alejan melancolía por abandono de celestial mansión. Inmadura conciencia impide percibir durante la niñez la fuerza del amor recibido y la ternura entregada en interno silencio. En resumen, con lecciones grabadas en el corazón, partimos en agitado fragor hacia la activa realización en la adolescencia y madurez.

Activos con mayor grado de conciencia, discretamente en interna lucha de aceptación, rechazo, modificamos herencia de vidas previas, legado familiar y social cercano. En tranquilidad y simpatía, lentamente forjamos el futuro y *"la vida simplemente viene!"*

Difíciles momentos de la adolescencia templan inexperto ser, percibe la dualidad del éxito, fracaso y selecciona segura roca o movedizo suelo para albergar la felicidad. *"Si no edifico mi vida, me la hacen!"*

Bueno, en la década de los veinte cristalizamos proyectos egoístas, altruistas; destruimos, edificamos; llegan adversas, favorables consecuencias y optamos por vía oscura de la desesperación o por iluminada reparación, reconciliación y amor. Sentimos con certeza, *"Percibo la felicidad o me enredan en la tristeza!"*

La secuencia anterior potencializa armónico desarrollo del individuo en micro ambiente familiar y vecindario cercano. Más amplia la vida, lo ocurrido en lejanos países afecta sin darnos cuenta y es sabio convertirnos en ciudadanos del mundo sin fronteras de ninguna categoría.

LO PERSONAL Y SOCIAL INTEGRADO

La personalidad, alquimia de constrictivos y expansivos rasgos de emociones e ideas, genera la cualidad de hablar y actuar. Máscara de actuación de variados roles en calidad de hijo, amiga, padre, trabajador, creyente; aspiremos a integrar dichos rasgos en niveles superiores mediante el buen uso de la fuerza vital.

Cruciales escenarios naturales con variado grado de conciencia, aclaran la perspectiva: Vegetales y animales dirigidos por fuerzas latentes llegan en forma inevitable a su maduración; difícil imaginar al renacuajo y ninfa precursores de la curiosa rana y bella mariposa! El ser humano por medio de fuerzas activas emerge de fases larvarias de odio, tristeza y similares hacia sublimes sentimientos de alegría y amor. Similar conquista es factible en lo mental para abandonar pesimismo y crítica hacia el optimismo y sano elogio. Libre, sin externa programación coordina propios recursos hacia la superación con alerta sobre enredos, explotadores y falsos profetas invadiendo su raciocinio con ficticia expectativa y bajos sentimientos.

Los de predominio emocional, alternan la recuperación de crisis con la agonía de experimentar diversas patologías. En abrir y cerrar de ojos, la copa se reboza, exclamando *"Ya no me quiere,": Tendrá otro amor?"* Es propicio, *"Agregar a la tristeza buena dosis de alegría y a la alegría alguna tristeza!"* Generosa cuota de fe, permite afirmar con el sabio predicador: *"Esto también pasará."*

Temprano o tarde surge crítico proceso para explicar, comprender las razones de lo fugaz de momentos felices, fuertes secuelas de crisis y presencia de enfermedades. Con el análisis, abrigamos la esperanza de asimilar lo ocurrido, encontrar alternativas a lo episódico de la felicidad, genuina aspiración de los seres humanos. El previo enfoque emocional y mental son insuficientes medios para avanzar.

Dicho anhelo revela en algunas personas o grupos gran tenacidad y fortaleza para vencer grandes desafíos; otros se declaran vencidos casi antes de afrontar el reto. En la fuerza del ánimo o vitalidad radica tal capacidad y es crucial reforzarla por acciones descritas en ésta y otras obras.

El panorama descrito, personal y familiar, incluye lo físico, emocional, mental y vital en altibajos de trastorno y quietud; detecte en su personalidad primacía de una de ellas o especial combinación en el actuar. Aprenda a superarlas.

Al incrementar nuestra visual, ganar conciencia, a las buenas o a las malas, hemos de aceptar sutil pero fuerte conexión al entorno social, económico, político en el ámbito local, regional, nacional e internacional. Vibremos con José Luís en divina plegaria:

> *"Dime por qué la gente no sonríe, por qué las armas*
> *En las manos, seres maltratados, viejos olvidados,*
> *Mendigos en la calle, bombas radioactivas.*
> *Dime por qué, los sueños prohibidos?"*

Notables autores cuestionan la búsqueda de la felicidad con tanta miseria, hambre y dolor por doquiera. Al sentir de la madre Teresa de Calcuta, la respuesta es tu cambio ahora!

"Cuando todo el mundo sea tu país
Y veas a tu hermano(a) en cada ser;
Sepas aliviar las penas de los afligidos
Y el egoísmo ceda al altruismo.
Habrás alcanzado la humanidad,
Hijo del planeta cumples la misión,
Egresado de la tierra,
Te habrás realizado con la humanidad!"

La tendencia de lo individual y familiar hacia lo colectivo, conlleva la aplicación del sustancial refrán: *"Uno para todos, todos para uno,"* y la mejor síntesis de dicha tendencia es la Solidaridad, la cual debemos profundizar y aplicar.

Cuatro micro aspectos del individuo asociados al macro ambiente social, impulsan la búsqueda de la felicidad. Antes de seguir, presentamos filón de oro, potenciales peldaños, de transitoria fuga de la infelicidad.

BUEN HUMOR Y SANA RISA

Citar al famoso comediante Groucho Marx, *"Hijo mío, las pequeñas cosas hacen la felicidad: Pequeño yate, pequeña mansión, pequeña fortuna,"* suspende analítico esfuerzo, relaja con explosiva alegría y la sonrisa abraza el cuerpo. Es el efecto positivo, terapéutico del sano humor! Cultívelo.

Frente a estricta maestra incrédula de Dios al no poder verlo; ingeniosa estudiante se aleja un poco y le pregunta: *"Puede ver mi cerebro?"* "Imposible!" *"Pues entonces no tengo cerebro porque Usted no puede verlo!"*

En realidad, parece broma, espontánea solución a serio problema luego de larga distracción en mental silencio Tal fenómeno genera el adagio: *"Coloca tus problemas debajo de la almohada y espera soluciones al despertar."* Es decir, abandona prisa, compulsividad.

Juan de Dios Peza, poeta y dramaturgo mexicano revela bella enseñanza de Garrick, quien emana abundante alegría hacia todos, menos para sí mismo:

> *"¡Cuantos hay, cansados de la vida.*
> *Enfermos de pesar, muertos de tedio,*
> *Hacen reír como el actor suicida,*
> *Sin encontrar para su mal remedio!"*

Aislado en la cueva de gran humor, su propia tristeza era frágil escudo contra las tinieblas de personal laberinto. En forma similar, se aflige el canto del enjaulado ruiseñor y cautivos papagayos suspenden su reproducción.

"El tiempo es el mejor maestro, por desgracia, mata a todos sus alumnos," anónima ironía, destaca posible confusión sobre el educando o seguidores de especial creencia.

"No entiendo por qué la gente ignora sus defectos. Si yo los tuviera, los reconocería!" complementa sentido egoísta, con limitada conciencia sobre la auto evaluación.

Sarcasmo y discriminación aporta la cultura popular frente al estudiante atrasado, lo peculiar de la mujer y la terquedad del anciano al exclamar: *"Pareces tener un sexto sentido, porque los otros cinco no te funcionan!"* Detalle en los previos comentarios indolente atadura al sarcasmo, ironía egoísmo, y codicia en interior enredo. Ganemos progresiva liberación de similares enfoques astro-mentales en el fascinante mundo de lo mitológico.

CRUCIAL SACRIFICIO

*E*ncontramos en el hilo conductor de la hermosa Ariadna la ayuda para Teseo entrar al laberinto, luchar, eliminar al minotauro y regresar salvo al reencuentro con su amada. Poco después la abandona en una isla y sigue su apoteosis de competencia y gloria.

"Para los griegos, Ariadna, el alma,
Entrega al desesperado Teseo
Inspirada respuesta, insólita salida;
Curiosa llave, redentora solución.

Vibratoria vivencia aporta
Iluminador alivio en el justo
Momento: Así es Ariadna, individual Alma.

Teseo elimina rutinarios sacrificios de jóvenes y doncellas al minotauro. Astuto, se ofrece en calidad de victima pero en realidad guarda firme propósito de eliminar la atroz barbarie. En la proeza, enamorado de la protectora, consciente de su misión en condición de hijo del dios griego, pronto se aleja. Por analogía, eliminar en nuestro interior la semblanza del minotauro, equivale a derrotar turbio interés, frívolas ideas, emotivas cadenas. Claro, necesitamos vibrar en la Luz.

El tierno hilo de Ariadna es la conciencia del soberano cósmico reflejada sobre nuestro ser espiritual, potencial conductor del éxodo terrenal. Grandes dosis de fe, sacrificio y solidaridad se requieren para eliminar egoísta, agobiante monstruo de la infelicidad.

Triste pero cierto, desde la etapa embrionaria hasta la vejez avanzamos hacia superior nivel del afecto y la ideación encontrando sólo episódica felicidad! Humildes, arribamos a sublime intuitivo e inspirado puerto para con imaginación creativa, ascender por el ahora empinado sendero.

ABRAZO ESPIRITUAL

"En cálido ambiente del medio día, con mínimo viento, sin ruido de máquinas cortando el prado, el agua carece del reflejo de nubes y de la usual silueta del bosque. Silenciosa paz, luz y energía del firmamento acarician la diamantina superficie del lago .Simboliza el ambiente requerido para el anhelado contacto divino," suspiraba por dentro al retirarme.

Quizás tiene la fortuna de conocer un personaje sin apego a tenencias físicas, de gran vitalidad, sin tristeza ni rencor, optimista, lejano a la crítica, presto al servicio y de palabra respetuosa. Lo considera feliz? Su respuesta positiva o negativa con mucha probabilidad es incompleta. La propia respuesta del Avanzado: *"Siento me falta algo esencial no disponible en lo terrenal;"* *"Creo soy un buscador;"* *"Hay mucho todavía por hacer."* *"Tal vez más adelante!"* alerta nuestra curiosidad.

Refieren de frágil árbol en la floresta envidioso de las rosas y frutas producidas por sus vecinos. Dolido por su debilidad, percibe majestuosa sugerencia, *"Sé tú mismo, deja de compararte,"* magnifica su desarrollo para brotar majestuoso roble, dar sombra y alojo a variadas aves. El ser bueno descrito en el párrafo previo similar al potencial roble, no percibe aun la inmensidad dentro de si mismo!

Moisés exilado en el desierto pasa de príncipe Egipcio a simple pastor, decide ascender al monte sagrado y frente a la zarza ardiendo sin fuego, responde: *"Héme aquí!"*

El roble inspira al encuentro consigo mismo y Moisés revela sumisión a lo divino en renovado compromiso. El personaje bueno, *iluminado* ahora, retorna de la montaña inundado de celestial grandeza; reinicia la búsqueda y claro, *"Todavía queda mucho por hacer!"* en especial servir, enseñar, amar. Sin presión ni angustia, inicia el período más largo de felicidad, sólo percibida en el silencio interno del renovado ser. Carece de explicación lógica, emociones pasajeras, similar a la zarza, arde sin fuego, su inagotable energía es combustible para largo recorrido.

OASIS EN EL TRAYECTO

*D*ulce remanso en transitorio reposo invita a sosegar la extenuante reflexión. Elimina en el desierto apasionado espejismo por atesorar fortuna, practicar magia, venerar falsos ídolos. Asimila, *"la práctica hace al maestro,"* sublime apoyo y servicio cultivan fructuosa actitud en interno jardín.

Renovada mentalidad positiva ha suavizado asperezas y mayor exigencia agota la vitalidad, genera fricción, fomenta sicológico laberinto. Apropiado es rendirnos, entregar la conducción a la interna chispa divina, la cual desde el corazón central, mucho ha entregado en silencio. Similar al retorno de Belandia, Pág. 126, tierno apoyo de seres angelicales y guías especiales inspiran serenidad y alegría en medio de mayores retos.

> *"Busqué escondido tesoro de la felicidad*
> *En sensual poder, riqueza, fama y gloria.*
>
> *Mortal enfermedad iluminó la perspectiva*
> *Y fui solidario bondadoso ser:*
> *Lo buscado estaba dentro de mi corazón!*
>
> *"Quién te hace feliz? Nadie, sólo la búsqueda.*
> *La mejor actitud? Amorosa relación con todos.*
>
> *Asimila, el camino a la vida,*
> *Ofrece celestial compañía*
> *Con el cuerpo rendido a lo espiritual."*

PILARES DE LA VERDAD

"Acaso hablamos algo verdadero aquí?"
Pensamiento Náhuatl

"Corrientes de aire impulsando tenues olas deforman la silueta del bosque en el agua. Oscura superficie del lago, refleja ahora grises nubes opacando previa visión del firmamento. Advierten sobre episodios de interna confusión "

Han declarado alerta por inminente llegada de falsos profetas; sugieren profunda atención a sabias enseñanzas, reconocerlos y con afecto dejarlos a su libre albedrío. Emulemos al niño observando en el lago tenaz lucha del alacrán por alcanzar la orilla: *"Picado en la mano al tratar de salvarlo, lo tira a la corriente y ansioso repite el noble intento con similar reacción del .ponzoñoso bicho. Ayudado con una hoja, paciente, lo saca de la corriente y el animalejo retoma desconocido rumbo."* El engaño corroe la esperanza, lo correcto pule la veracidad.

El primer recorrido plantea crucial paradoja entre *"Y el arco iris, siempre lejano en el más allá!,"* *"Y ahora el arco iris, fluye dentro de tí!"* resolviendo *"Con el cuerpo rendido a lo espiritual."* Dicha transición, similar al florecer de la mariposa desde la paciente oruga, tranquiliza al provenir de la madre natura. Sin embargo, Krisnamurti inquieta de nuevo al afirmar, *"La verdad es una tierra sin caminos."*

Sabemos *"Donde hay luz, no hay oscuridad,"* pero existe el mundo espiritual paralelo al físico? En forma equivalente, son reales oscuridad e iluminación celestial? Uno de los siete principios de Hermes, *"Como arriba es abajo; como abajo es arriba,"* reconforta. Del sereno lago, testigo de vaivenes, nítido sin reflejos, captamos silencioso murmullo: *"Sois hechos a imagen y semejanza de la Divinidad"* Intuimos, *"la verdad es tierra sin caminos,"* porque no se encuentra en variados reflejos de mansas aguas, menos en lo terrenal *"Caminemos, la Verdad nos hará libres."*

"La apatía impide avanzar;
Descubre interna Voluntad

Dudas detienen la vida.
Cultiva universal Fe.

Supera fantasmas de la ilusión,
Habita en la esfera de la Sabiduría!"

ATENCION POSITIVA

Observe en el título anterior peculiar raciocinio ligado a efectiva actitud emocional. Las tareas en casa, garantizan óptima participación, profundizan el aprendizaje. En su diario haga ahora el listado de sus emociones e ideas negativas, positivas; revise y mejore al ritmo de su progreso.

Ha notado sesgos al expresar sus opiniones? Detallamos el prejuicio en la Pág. 77, pero es oportuno ilustrar ahora al respecto: En área rural alguien mira en el suelo, a unos quince metros una figura curvilínea, negra, de cuarenta centímetros y su primera impresión es la de una culebra. Idéntico escenario en calle de gran tráfico vehicular sería de un pedazo de llanta! Imágenes involuntarias guardadas en el pensamiento brotan en primer lugar cuando opinamos. Dichos recuerdos distorsionan lo real, alejan de la verdad: Liberación de recuerdos automáticos pule la atención, como hornear la arcilla, precede a la futura porcelana; eliminar obsoletos paquetes de la memoria del computador renueva su capacidad. Haga lo propio con Usted mismo.

Cambiemos el hincapié en las cargas sico-afectivas del observador, al centrarnos en lo observado. Por ejemplo, perciba en torno al árbol, Oxigeno y energía solar, insumos para la fotosíntesis; por abajo, la raíz absorbe agua y nutrientes; por izquierda y derecha hojas, flores, frutos adornan ambiente e integran la cadena de alimentos. La singular ronda por los cuatro costados promueve universal apreciación, supera utilitario juicio de reconocer sólo buena madera del árbol para talar sin compasión. Pragmática visión contribuye a daños ambientales, desata oleadas de explotación, sufrimiento, humillación y violencia.

La concentración, elimina periféricos rodeos centrándonos en la médula del asunto entre cejas, en el punto esencial del tema en cuestión. Equivale a observar en contemplación profunda el punto central del círculo, símbolo de lo unitario, excluyendo prejuicio, terquedad y recelo. Sin embargo, notables viajeros encuentran vacío el centro, sin especial sentido por precoz opinión con exclusivo énfasis analítico, escondido interés, turbios propósitos. Concentrarnos en algo, implica ver lo real, eliminando sesgos y manipulación.

Sólo ahora sugerimos incorporar la concentración por notable avance con efectiva integración de positiva actitud mental. Nefasta expansión en estadíos negativos sólo empeora el resultado y generan excesos de poder en líderes mundiales, caídas de artistas y confusión en falsos profetas.

En el orden mundial visión fragmentada por codicia al poder social, político y religioso propicia hambrunas, fratricidas guerras y dolorosas persecuciones. Por el contrario a nivel micro, funcional relación de células, tejidos y órganos en nuestro cuerpo, evidencia sutil integración. Similar conexión entre conciencia individual y la universal induce a maduros autores, declarar inexistente la autonomía individual.

El atleta exitoso adopta renovado estilo de vida en dieta, ejercicio diario, alejándose de vanas tentaciones. Asidua solidaridad, concentración en lo observado, cancelación del sesgo mental y eliminación de respuestas automáticas, gran depuración interior!, descubren interno tesoro de la voluntad para consolidar la atención positiva.

TIERNA CONFIANZA

Agitada carrera del raciocinio terlina en supremos linderos y entrega la señal del equipo a la ternura, nueva líder en abstracto escenario. Previo desarrollo a la atención positiva, lo analítico era libre del tierno abrazo de lo afectivo. Ahora, fundidos en la confianza, quedan atrás juicio, crítica; dudas, celos. Actualice en su diario, tropezones, avances; incluya su grado de voluntad, por desarrollar bajo gran inspiración.

Frente a problemas físicos, emocionales, mentales solicite, acepte ayuda profesional y cumpla las recomendaciones. Especial cuidado ameritan larvados trastornos de la personalidad causales de morbosas desviaciones, difíciles de precisar y tratar: Tendencia a la mentira, despilfarro económico, apatía por la vida, conflictos más allá de lo esperado deben ser reconocidos y abordados con oportuna asesoria. En el otro lado de la moneda, descubra en Usted mismo, familiares y en seres cercanos tempranas aptitudes manuales, cognoscitivas y artísticas, signos precoces de escondidos potenciales. Su libre cultivo sin ambición por el éxito, crea interna paz, es precursora del optimismo. Identificación y manejo de factores de riesgo, desarrollo de incipientes virtudes, crucial a temprana edad, aplica a todas las etapas del ciclo vital; nunca es tarde para iniciar. Persista con sutil empeño.

Apatía e indiferencia entorpece sana motivación para superar obstáculos, por el contrario, interés por recompensa monetaria o de otra índole confunde posibles decisiones. Humildad en simple inter relación abrigada con flexible autoridad, libre de tradiciones, sin apego a resultados inspira seguridad y fortaleza en el horizonte.

Reposado campesino advierte, *"La vereda es culebrera."* Dolorosa rendición de la compañera(o) a tentaciones, elevan desconfianza y dejan hondas cicatrices duras de superar. Igual, líderes de organizaciones políticas, civiles, religiosas defraudan a fieles seguidores. Parecen sugerir gran cautela, suspicacia y prevención en dichas relaciones.

El devastador impacto de las anteriores crisis es cruel, nos inclina a sospechar de todos antes de actuar. Debemos sucumbir a semejante amenaza? Sin existir autoridad necesaria y suficiente, esbozamos dos opciones al respecto: La humanidad siempre expuesta a barbaries por la mínima existencia de un solo ser en oscuros niveles, requiere crucial cambio individual. La vía de la confrontación y justicia terrenal inspira violencia y mayor separatividad; aplicada durante toda la historia ha mostrado soluciones muy temporales. La alternativa de no agredir, reconcilia y perdona; aplicada con equidad muestra gratos resultados en largos períodos. Por desgracia, repetitivos caídas en nuevos sitios exigen renovar anteriores estrategias. Países con tal enfoque, avivan la antorcha de la no reacción, el respeto y pacífica convivencia.

El concepto de flexible autoridad tácito en los dos párrafos, previos, amerita especial comentario. Adeptos a la sabia inscripción en la entrada del templo de Apolo, *"Conócete a ti mismo,"* otorgan prioridad al auto conocimiento más allá de racional inteligencia en predios del alma. *"Quien se conoce a si mismo, conoce a su Señor,"* supera al mejor enfoque filosófico y sin vacilar sugiere imperiosa decisión de no adherencia a doctrinas ni autoridades en el ámbito espiritual. La sabia natura contrasta el solitario caminar del alacrán, la araña con la convivencia en gran mayoría de animales. El ser humano gregario e innovador, modifica su liderazgo, estimula autonomía y libertad para su interior búsqueda con pausada influencia de lo cultural, científico y espiritual.

29

Propiciar armónica, cambiante relación entre dirigente y dirigido es la esencia de la flexible autoridad motivadora de la anterior reminiscencia.

Dejamos a su libre albedrío equilibrar la interrelación entre el auto conocimiento y positiva influencia de organizaciones y lideres de meritoria autoridad. La historia revela increíble capacidad del *Homo Sapiens* en superar crisis personales, familiares y sociales. Vencer escollos, estimular innatas o adquiridas facultades motivan para seguir adelante con fe universal, ausente de barrera social, cultural o religiosa.

CONCIENCIA EXALTADA

"Preciosos movimientos de cabeza y cuello en dos garzas, una blanca, negra la otra, simulan curioso diálogo: "Eres tú sólo mi sombra o mi otro yo?"

En el supuesto escenario, cada animal por medio del instinto percibe su existencia y el color del plumaje, entre otras externas diferencias. Conciencia grupal, insuficiente para decidir si el reflejo en el agua es real o ilusorio, le induce a picar, pisar su propia imagen aprendiendo por error, ensayo. Así es el primitivo humano y al no existir garantía alguna en el ascenso espiritual, por desgracia, muchos frágiles, sin esfuerzo activo, anclan su despertar en la inconciencia.

Algunos animales evidencian peligros para la manada y en forma instintiva buscan soluciones grupales con débil interés por el bienestar de otros. Infantil conciencia en el humano rebasa el anterior impulso en actos nobles para todos al distinguir entre el bien personal y del cercano grupo. Diferenciado de animales incapaces de actos heroicos, gana equilibrio entre los opuestos, adquiere exclusiva visual hacia lo interno y emprende tímido despertar de conciencia.

"Espero no habrás llevado una vida doble, aparentando ser malo y siendo en realidad bueno: eso seria hipocresía;"

advierte Oscar Wilde sobre parcial sinceridad de personas en cotidianas relaciones.

El astuto Maquiavelo relata perniciosa actitud: *"Es muy importante disfrazar las propias inclinaciones y desempeñar bien el papel del hipócrita."*

Tito Livio acentúa maligno proceder: *"La hipocresía, al adquirir cierto crédito en cuestiones pequeñas, prepara oportunidad para grandes engaños."*

"Cubrir una falta con una mentira, es remplazar una mancha con un agujero," y *"La verdad anda sobre la mentira como el agua sobre el aceite,"* de Miguel de Cervantes completan saludable coloquio. Apariencia, disfraz, engaño, traición, hipocresía y mentira evocan reflexión sobre la verdad, para abandonar la inconciencia del ser ordinario.

La ficticia exclamación, *"O eres mi otro yo?"* es sólo ilustrativa al carecer los animales de mínima introspección, notable virtud para labrar la verdad. En incipiente etapa adulta, en el umbral de lo exterior, la diferenciada conciencia se queda sola por la incapacidad de su compañera mental en progresar hacia lo íntimo. La intuición, nueva aliada, en su primer acto de recepción le presenta, *"A su otro Yo!"* Brota el ser Iniciado, ciudadano del mundo, sin fronteras sicológicas, con fluido desapego, presto al servicio.

La exaltada ascensión sugiere vertiginosa rapidez pero al contrario es pausada y rítmica; con diligente fervor obedece al eco de íntimo silencio, audible al cruzar frontera de lo sensorial y lo mental. Carece de automático acelerador sin responder a la angustia por llegar a supuesta ambición.

El término, exaltada, describe muy bien el pausado ascenso de lo personal hacia la iluminación, equivalente al encuentro de la conciencia individual y cósmica en sagrada unidad. Desaparecen ilusiones, vivimos la no-dualidad, los sentidos permeables a sutiles vibraciones dan paso a experiencias sobrenaturales. Todavía vanidoso, pretende a la verdad con los sentidos centrados en la natura, gran apego a las tenencias y sesgada confianza en la capacidad mental.

Concluimos con el Mahabharata: *"Conóceme cual verdad soy: Agua, tierra, llama, aire, éter, mente individual, vida, forman mi actual espectro suspendidos de mí, como cuelgan las perlas de su hilo".* Integrando con la visión occidental, el *"mi"* previo alude a la celestial divinidad, y el *"hilo,"* es la renovada conciencia.

Centrado en círculo formado por diez aprendices,
El instructor dice: "La distancia con Ustedes, el radio,
Alude a la enseñanza de nuevos conceptos como la
Tríada, cinco tipos de cruz y espiral ascendente.
Ilustran la *concentración,* en porción superior de la mente.

El coordinador, afuera del círculo solicita a los
Participantes seguir escuchando y contemplar
Al punto central con atención, sin ver ni opinar.
Se expande la conciencia y florece en el éter
Lumínico y reflector, la *imaginación creativa.*
Abstracción y contemplar nutren las nuevas
Alas para singular vuelo espiritual.

Cierto, hay novedosos términos en el
Previo escenario. Avisan sobre dinámica
Reflexión al avanzar sobre abstracto temario.
Amerita retornar varias veces
Para completa asimilación.

MEDITACION CONTINUA EN EL LAGO

*I*mpresionado por la oscura apariencia del lago,
Regresamos del vespertino paseo con gran ánimo
De compartir lo observado, con
Esperanza de propiciar iluminación para todos.

*A*l amanecer, nítida silueta del bosque en
Tranquila agua recuerda la existencia de los
Opuestos. Sin embargo, el reflejo cambia de
Forma e inclusive desaparece debido a
Imprevista tempestad.
Odio, violencia ameritan interna catarsis
Para apreciar el amor, la paz.

*E*n cálido ambiente del medio día,
Mínima brisa, sin ruido de máquinas
Cortando el prado, el agua carece de nubes y
De la silueta del bosque.
En serena tranquilidad, majestuoso silencio,
Luz y energía del firmamento acarician la
Diamantina superficie del lago.
"Simboliza *el ambiente requerido para*
Verdadero contacto divino."

*C*orrientes de aire impulsan tenues olas,
Deforman la silueta del bosque en el agua.
Oscura superficie, refleja ahora sólo
Grises nubes opacando visión del firmamento;
Advierten episodios de interna confusión.

*P*reciosos movimientos de cabeza y cuello, dos
Garzas, una blanca, negra la otra, simulan curioso
Diálogo: *"Eres tú, sólo mi sombra o mi otro yo?"*

GRACIAS A LA VIDA

RAMILLETE DE OPCIONES

Progresivo desfile de reconocidos autores agregan variadas concepciones y experiencias trascendentales de la vida:

En *"vida vegetal, animal, humana,"* proporciones de tierra, agua, aire, fuego y éter, configuran *vida instintiva* del animal y *vida personal* en el humano. Básica concepción biológica, psicológica inicia singular, fascinante viaje.

Mente y emociones dirigen *vida corriente;* la aceptación del *Karma- Darma,* expanden a la *vida meritoria; espiritual vida,* acepta cósmicas leyes.

Aristóteles con funcional enfoque describe: *Vida de gozo,* servil a placeres; *política,* red de vanidad, honores y juegos de poder; *contemplativa,* en interna tranquilidad. Panorama similar incluye: *Buena vida,* disfruta lo máximo; *vida buena,* realce en virtudes; *vida lograda,* por vocación al amor.

Prioridad al comportamiento establece vida *despilfarrada,* sin claro objetivo; *sobria,* con ahorro de energía; *glorificada,* ausente de metas terrenales.

Progresivo dinamismo perfila vida *estática,* percepción pasiva del devenir; *gradual,* con parcial dirección e *infinita,* libre de conocida dimensiones. Vida *caída, ascendente* y *ascendida* revela intensa lucha en la primera fase.

Oscar Wilde agrega inquisitivo aporte del frenesí: *"A veces pasamos años sin vivir en absoluto y de pronto toda la vida se concentra en un solo instante."* Mientras, Alessandro Pertini alerta con estoica premisa:*"A veces en la vida se debe luchar no sólo sin miedo, también sin esperanza."*

Riesgos propios al avance científico y tecnológico advierte Henry Adams *"Algún día la ciencia puede llegar a tener la vida del hombre en sus manos y haciendo estallar el mundo, incurrir en suicidio colectivo."*

Isabel allende clausura el ciclo vital: *"Al sentir la mano de la muerte sobre el hombro, la vida se ve iluminada de otra manera y descubres maravillas no sospechadas antes. "*

Jocoso, Bill Waterson introduce el tema extra terrestre:*"La ausencia de contacto con nosotros, es prueba fehaciente de vida inteligente en el universo."* Chris McKay, científico de la NASA, busca un segundo Génesis en el universo basado o no en el ADN; destaca nuestra completa incomprensión entre la flama del carbón caliente y la llama ardiente del sol.

Acuda presto a su imaginación para considerar si la tierra posee vida propia! El ingenioso Lovelock trabaja en el proyecto Gaia, compleja hipótesis de entidad articulando biosfera, atmósfera, océano y tierra, constituyendo en su totalidad un sistema óptimo para la vida en el planeta.

Frustración y angustia en: *"Oh Dios pudiste dotarnos de dos vidas: una para ensayar y otra para actuar"* ratifica a la vida sin ensayos, siempre en debut es mitigada por José Maria de Pereda al afirmar: *"Cuanto menos caprichos se extraigan ahora, más fácil es el camino hacia la otra Vida."* Expresan confianza en lo divino.

"El espíritu de dios flota sobre las aguas y una isla celestial es visible primero en la morada de nuevos seres, luego en la cuenca de vida eterna sobre olas refluyendo;" clausura convincente, Friedrich Von Hardenberg.

Vincular las categorías del Rezagado, Avanzado e Iniciado con las múltiples fases presentadas; facilita su ubicación con variadas ópticas y clarifica opciones para avanzar.

Adicionales comentarios sobre vida biológica, corriente, instintiva, personal sicológica, terrenal, extra terrestre son marginales al esplendoroso cultivo de *vida lograda, contemplativa, glorificada, infinita, ascendida y espiritual,* reales aposentos de felicidad y verdad, sus nuevas metas.

SUPREMAS LECCIONES

El siguiente coloquio del redimido ocurre en el. *"Pueblo Cenizo"* de *"Más Allá del Amanecer;"* conviene adelantarse!

"En portal de etérico templo,
Singular redimido escucha:

Lo material concierne a la tierra,
El cuerpo al polvo,
Esposa, hijos a la amistad,
Familia, amigos a la devoción

Los recuerdos son del tiempo,
El talento compete al esfuerzo.

Entonces, sólo era mía el alma?
Es atributo divino!
Nunca tuve nada?
Si, hijo mío, buenos o malos momentos.
Todos tuyos,
Fueron tu oportunidad."

Imprescindible el canto y homenaje a la amistad
El sol, siempre igual,
Se manifiesta diferente
Acorde a la adversa o favorable casualidad

No importa tu riqueza,
Partimos sin nada; de todas.
Formas, allá no hay oficinas de cambio.

No importa tu experiencia,
Si pierdes o ganas,
La esencia es asimilar.
Al callar o revelar,
Llorar, reír
Siempre vamos juntas.

El Predicador arguyó hace más de dos mil años sobre la necedad de la impaciencia y no hemos aprendido su lección. Demasiado acelere con fatigado viajero, agota el trato con semejantes; compulsión en el trabajo genera excesiva angustia en el colega; rápido consumo impide saborear la comida, la preocupación corta la sonrisa e inclusive dosifica caricias! Es compulsiva la vida? Puedes acelerar el otoño? Los pichones saben cuando ensayar primer vuelo, las aves perciben el llamado para migrar. Apresurada vida te impide apreciar el cambio en ti mismo y en los tuyos? Crees ganar algo valioso entre agitado vaivén de tu vida?

"En el mundo todo tiene su hora,
Todo se realiza en justo momento:

Nacer, morir; plantar, arrancar lo plantado;
Matar, curar; destruir, construir.
Llorar, reír; el luto, la fiesta.
Esparcir piedras, recogerlas; separar, abrazar
Intentar, desistir; guardar, desperdiciar.
Rasgar, coser; callar, hablar.
Odiar, amar; guerrear, pacificar."

Parcial clausura aporta sustancial cambio a singular mensaje de Chaplín:

Al querer sustituir lo insustituible, capta la humildad,

Tratando de olvidar lo inolvidable, llega la gratitud;
Al sentir desprecio surge la generosidad.
Abracé para protegerme, apareció la honestidad;
Me reí cuando no debía, la sinceridad me limpió.
Interesado, aprendí de incondicional amigo(a);
Del egoísta rechazo al reciproco amor,
Lloré al agradecer vitales lecciones:
Bueno es vivir con determinación;
Perder aprendiendo, vencer con nobleza,
Porque la vida es colosal!

ESQUIVA SABIDURIA

"Cortad al niño por la mitad y dad a cada madre su parte," ejemplar sentencia ilustra sabios elementos a incentivar en nosotros: La decisión proviene de la fina atención al reaccionar de las mujeres estimulado por sagaz ardid de cortar al infante; previo conocimiento de Salomón subyace, nutre al famoso mandato, elude a rígidas normas de humana justicia; paciente, sin actuar deja al tiempo transcurrir, espera la exhibición de femenina naturaleza. Aprendemos sutil, cálida autonomía del compasivo Rey sin impresionarse por explosivo sufrimiento de la supuesta madre, invita a renovar nuestra actitud frente al fingido dolor, pena y suplicio en especiales situaciones.

Holístico abordaje frente a trastornos físicos de índole genético, por lo común ligados a maldiciones, resaltan por el contrario, simultáneo llamado a padres y al individuo, a superar resentimiento, aprender cósmica lección, preparar futura encarnación. Ardua asociación sublima el dolor!

Abrazar al sufrimiento en humilde actitud, eleva a la dimensión del sabio: *"Ah te sientes herido! Hara Kiri, jamás siente heridas por palabras de otros, carece de la estúpida arrogancia del humano,"* referencia oriental contesta al rechazo en proverbio chino: *"Amame cuando menos lo merezca, es cuando más lo necesito."*

Jesús al expulsar mercaderes en el templo muestra su única actitud agresiva en vida; de resto ilustra siempre paz, prudencia y armonía. En la conversión del agua en vino, pregunta, *"Madre por qué me involucras en lo tuyo?;* al futuro discípulo le dice, *"sígueme;"* al perito en sagradas escrituras, *"renace de nuevo."* Complete el Lector seductor rosario de acciones del Maestro en constante enseñanza de la *no acción, convivencia, tolerancia,* sutil cercanía a la sabiduría en el alma del mundo.

ACERCA DEL AUTOR

Jaime ejerció la Medicina Preventiva en Colombia, su país natal, en calidad de profesor de la Universidad del Valle hasta su jubilación en 1993. Múltiples asesorías en salud a la mayoría de países latinos modelan su perspectiva biológica por el dolor, discriminación de grandes grupos aislados en área rural o en cinturones de miseria en grandes ciudades. El Master en Salud del Royal Tropical Institute en Amsterdam y un curso intensivo en Gestión de Salud en Tokio reiteran similar panorama en países de Asia y Africa; fomenta la comprensión multicultural, incita a nuevas metas.

Constante estudioso de innovaciones, liderazgo y métodos de auto realización, aprende en variadas organizaciones sicológicas, religiosas, espirituales. Agrega a su formación un grado en Teología del Minnesota Bible College.

Publica *"Semillas Espirituales,"* en el 2006, *"Mas Allá del Amanecer* en el 2007, realiza talleres de auto realización y despertar espiritual; ofrece asesoria personal o vía Internet Colabora en la formación de grupos autónomos en redes de apoyo mutuo; promueve integrador enfoque entre oriente y occidente para contribuir al colectivo despertar previsto desde el inicio del presente milenio.

SEMILLAS ESPIRITUALES

JAIME RODRIGUEZ

Segunda Edición
2008

Cierra tus ojos, imagina ejemplos de la naturaleza,
Semillas, en interno diálogo magnifican visión
Reflexiva -Pág. 126- en potencial
Camino a la Vida.

INVITACION

Reflexionar sobre la naturaleza del ser humano precede y motiva a sembrar sus propias semillas; observe, profundice los siguientes escenarios:

Es curioso el pez indagando sobre el agua en la cual vive; la perpleja rana en la orilla del lago, se cuestiona sobre los móviles renacuajos. La mariposa huye de las feas orugas, sus ancestrales orígenes. La flor ignora ser fertilizada por su aéreo visitante. En verdad, sabes, percibes tu real origen?

El cauce seco pregunta, *dónde está el agua*; las nubes, *cuáles son mis pilares*? La tierra se sacude, el volcán sólo quiere respirar. y el sol no escapa de su enamorada luna. El rayo quiere iluminar, no destruir; hermoso arco iris depende de iluminadas gotas; estrellas unidas iluminan senderos. Sabes cuál es tu real esencia?

La hiena ríe de si misma, el loro no sabe de qué habla, el alacrán sólo se defiende aplicando veneno, la abeja ignora morir al usar el aguijón. Evocan actos iguales en tu actuar?

Y tú, dónde estás en la búsqueda, cuáles preguntas no has respondido o ni siquiera formulas todavía? Con terquedad y dolor tratas de abrir una puerta hacia fuera, ignorando se abre con suavidad hacia adentro? Deprimido te sientes un hueco en la luz, anhelo antes de nacer, lámpara titilando sin reserva de aceite. Iluso pretendes modificar tu imagen en el espejo, quieres pisar tu propia sombra?. Soberbio, intentas amarrar el aire, construir puentes donde no hay ríos. Maníaco, enfrentas diez cosas al mismo tiempo y no terminas ninguna?

Cuáles anhelos tienes? Acaso tienes una búsqueda, acaso en el vuelo perdiste un ala y desciendes sin saber adónde llegar. Sientes soledad en la multitud y solo, te persiguen sombras del pasado? Te acosan anhelos del futuro?

Percibes tu caminar en la vida más difícil de lo esperado y miras al cielo, implorando consuelo, respuestas? Escéptico de lo eterno, ignoras la fuente de lo eterno?

Perdiste la oportunidad de apoyar a tu padre en su ocaso; confundidos tus hijos(as) buscaron alegría en lo temerario. Añoras la amiga de tu alma a quien nunca diste el abrazo?

Estuviste en la cima del poder e ignoraste humildes hormigas consumiendo falsos cimientos. Te has quedado solo porque buscando la perfecta pareja, la encontraste indagando también lo impecable. En la seguridad de tus éxitos, ignoras lo débil de tu pasado; terco, crees modificar el futuro; conquistador en tus dominios, ignoras tu posible cautiverio por sutiles fuerzas en extrañas situaciones?

Convierte dudas y preguntas en suave alborada; torna pasiva aceptación del destino en dinámica búsqueda de tu extraviado Ser. Abandona espejismos del cruel desierto y recupera sutil visión: el agua florece rosas; la gota perfora la roca; el guadual inclinado al viento gana fortaleza. Abrete al encanto espiritual!

Bienvenido, el invierno no es permanente, volvemos al Hogar. Te invitamos al encuentro primaveral sin otoño, con linda canción de recepción porque eres brisa celestial.

Has superado situaciones críticas? En vida plena de fabulosas experiencias, aprende, en algún momento has de enfrentar el dolor, lo negativo. Aun con mucha fortaleza interior, los actuales mensajes aumentan la capacidad de acariciar esquiva felicidad. Tu aprendizaje interesa a todos. Comparte con nosotros.

Alguien pregunta, *"Qué será de la tierra si no hay cultivadores"?* Ahora hay nuevas tecnologías y alguna solución se encontrará, comenté sin angustia. *"No entiendes ni percibes el mensaje. La tierra de la cual hablo es el polvo organizado de tu cuerpo y el cultivador es la potencial fuerza de tu espíritu. No hay las llamadas tecnologías de cambio en nuestros aposentos y verdadera Luz germina, florece las semillas de tu Ser. Te regalo un paquete de ellas, cultívalas y regala sus frutos!"*

Busqué al inusitado visitante, no había nadie. Al llegar al lago, caminé curioso por la fresca playa. Alguien dejaba huellas en la arena, jugando, trataba de pisarlas pero eran borradas por las olas. Aprendí a ofrecer migajas de pan en recipiente plano a solitaria gaviota, reacia a comer porciones tiradas al suelo. Desde entonces, cultivo las semillas, sigo huellas invisibles y sin mijagas elevo vuelo. Sin devolver mirada, aligera cuerpo, suelta dudas, entra a renovado ciclo.

Jaime, el narrador

En playa espiritual seguimos huellas
Cósmicas de Jesucristo, impresas
Hace 2000 años. Confiado(a) percibe
Lo eterno; vamos juntos. Gracias, Jaime y Stella

PROLOGO

Sentado a la sombra del roble,
Un anciano daba bienvenida a visitantes.
A la pregunta, **Cómo es la gente aquí?**
Respondía: "Cómo son de donde vienes?"
Amables, solidarios. *"Igual acá."*
Odiosos, egoístas. *"Lo mismo aquí."*

Y cómo es su vida? En pareja, familia, estudio, trabajo, en otras áreas? La respuesta, similar a la del anciano, como tú seas por dentro así son las relaciones con los demás y el grado de satisfacción alcanzado. Sutil energía de tu ser impacta al exterior, se agrupa con similares fuerzas y caracteriza el medio en el cual nos movemos. Es decir, el balance de fortaleza interna y externa determina la mutua influencia entre Usted y el grupo a su alrededor, generando condiciones adversas o favorables. Cambiar a los demás no es prioritario por ahora y nos centramos en el cambio interno hacia lo positivo, para aumentar la energía circulante y armonizar el medio ambiente. Al hacerlo, *damos* y por ley pendular, sin darnos cuenta, *recibimos* de diferentes maneras. En síntesis, podemos entregar y recibir sólo auténtica energía Las cuatro últimas Semillas protege de influencias negativas, nos convierte en *Sal de la tierra,* practicantes del *Sacro Oficio.*

Promover el cambio interior requiere nueva fuente de energía la cual no procede del propio mundo físico. Dicha capacidad, Gracia Divina, emana del mundo espiritual.

El ser corriente carece de celestial conciencia, corre en busca de tenencias físicas y comodidades sin mayor percepción del más allá. Tarde o temprano, todos sentimos el abismo en la vida física y a su debido tiempo, la interna chispa divina, nos guía para ascender en forma lenta a la montaña. Es cuando Moisés sube al Sinaí y desciende iluminado; Saulo tumbado del caballo, enceguece y espera tres días por visión espiritual. El despertar se refuerza con la práctica de la Humildad, Silencio Interno y Servicio, grandioso éxodo de movedizos terrenos hacia la cima del Perdón, Oración y Amor para germinar en la divinidad.

Diez fueron los hermanos de José; eran el número de cortinas del Tabernáculo; son los Mandamientos; fueron los días de prueba de Daniel, al cabo de los cuales estuvo mejor; *"Y tendréis tribulación por diez días;" "los diez cuernos visualizados, son diez reyes, sin estrenar reino."* El Faraón experimenta diez plagas antes de liberar a los Israelitas, equivalentes en la actualidad al sufrimiento y dolor del cuerpo físico, antes de conseguir libertad interior de partir. Así, en variadas ocasiones, trastornos físicos, mentales; crisis económicas, emotivas anteceden al primer peldaño de la partida. El tránsito del mundo físico al espiritual incluye el desierto antes de llegar a la Tierra Prometida, es semblanza del *camino a la vida!*

Transitando por el mundo material aspiramos las mejores decisiones con cinco sentidos dirigidos por el pensar y sentir. Parcial felicidad, éxito, amor son temporales por somnolienta guía del interno espíritu. Despertar, cultivar celestial destello activa ocultos potenciales, sublima físico accionar, cautiva a lo inmaterial. Caminemos, avancemos en místico peregrinaje. Gracias.

OPTIMO RETORNO

Cada persona selecciona e interpreta los mensajes de una obra con propio estilo y profundidad .Expanda los frutos a recibir, revisando los siguientes detalles:

Recorra todas las ilustraciones y medite sobre el significado, posibles efectos en Usted, en la familia y en su entorno. La obra conserva y transmite la energía con la cual fue creada: constante, amoroso esfuerzo por caminar juntos al principio y luego volar más allá de la unión del océano con el cielo. Al ascender, suelte críticas y prejuicios.

Citas bíblicas, reflexiones Orientales preceden a cada tema, promueven encuentro este-oeste, universal sin límites ni separación racial, social o de otra índole. Algunas se han adaptado de poemas o canciones basados en lo mundano pero de escondido sabor celeste. Otras, han surgido al perfeccionar los mensajes de la presente obra.

Los temas previos a las diez semillas, equivalen a la adecuación del terreno, sin la cual ni la mejor semilla germina. Gane experiencia con el ejercicio vespertino en el cual recapitula su experiencia del día, de lo último hacia el comienzo, dando énfasis a revivir, sentir sus sensaciones positivas y negativas, sin juicio ni critica. Al final, ore a su manera, pida perdón y agradezca. Al despertar, anote sueños en su diario y en el ejercicio matutino, ore y visualice el transcurrir del día pleno de acciones optimistas, alegres, solidarias. Vaya al mundo renovado, atento y receptivo a nuevos aprendizajes.

Practique indispensable *Imaginación Creativa* al visualizar en silencio colorido de pétalos y porción central de flores; luego el contorno de rostros de animales, la boca, oídos, ojos y nariz; en cada uno de ellos perciba la entrada de comida, sonido, luz y aire con su llegada al estómago, tímpano, retina, alvéolo pulmonar. Apoye el intento con gráficas ilustraciones, persevere, es vital esfuerzo .para salir de segmentos superiores de la mente concreta.

Posterior a la lectura de cada *"Perla para Avanzar;"* en silencio externo, simule en cine mudo cada escenario con gran detalle. Surgen intuición, inspiración, evidencia de esencial sensibilidad de persistir.

Ahora ha de ser posible visualizar celestial proceso de, *"Recibir, vaciar y recibir,"* grabarlo en el corazón y ensalzar su renovada dirección en la transformación individual. Muchas veces el relativo éxito, la acumulación de riqueza o poder personal nos hacen sentir plenos, llenos y entonces, satisfechos con lo terrenal no hay capacidad de asimilar lo divino. Forzoso el vaciarnos, entregar ideas y emociones; sedientos de lo cósmico calmar celestial anhelo.

ACERCA DE NOSOTROS.

"En la casa de mi Padre,
Hay muchos lugares donde vivir;
Si no fuera así, no les hubiera dicho,
Voy a prepararles un lugar"

Al referirnos al *cuerpo o campo* nos centramos en cabeza y tronco sin aludir a las extremidades. La región superior por encima del diafragma contiene pulmones, corazón, cerebro responsables de emociones, ideas y actos. En fase intermedia, el *Corazón Pensante* simboliza notable avance en la ruta. Debajo del diafragma en la región abdominal, órganos digestivos, de excreción y reproductivos en inferior segmento nutren, consumen lo vital. *Según la región donde habitemos, es el grado de evolución.*

Niñez, Adolescencia y Madurez, tres grandes etapas del desarrollo humano, implican progresivo cambio de la *dependencia, independencia e inter-relación* con los demás. En las dos primeras, hay concentración en el *yo, me y el mi;* en la tercera baja el egocentrismo y por ello, gana prioridad establecer relaciones.

El *guerrero, comerciante y educador,* procesos sicológicos por experimentar, superar: Conflictivo guerrero con poder y fuerza cree solucionar sus retos; ventajoso comerciante busca siempre la ganancia sobre los demás; reflexivo educador aprende de sus errores, comparte a los demás su búsqueda de la auto transformación.

Los hindús describen al *Tamásico* viviendo en la oscuridad, indolente, confundido, descendiendo; al *Rayásico* pasional, autosuficiente, apegado, orgulloso, sin cambiar; al *Sátvico* sabio, puro, luminoso, libre de tristeza, ascendiendo.

La visión cristiana, implícita en la parábola del Buen Samaritano, con tres posiciones frente al golpeado y robado: hombre: *"Lo tuyo es mío,"* indolente un sacerdote sigue de largo sin ocuparse del herido, ni reconocer límites a la propiedad ajena, acepta lo hecho por los bandidos. *"Te doy y me das,"* el levita guiado por el interés también marcha sin darse por aludido al no haber nada por intercambiar. Pese a su investidura, ambos ignoran el *sacro oficio. "Lo mío es tuyo,"* la Samaritana cuida del ofendido, le lleva a un refugio, paga por el servicio. Compasivo, sin interés no espera retorno por su acción.

El Buda al preguntarse, *"Puede la cuchara sentir el gusto de la sopa?* describe al *Inmaduro* dormido, con largo ciclo de vida y muerte; autosuficiente genera remordimiento; busca falso prestigio, orgullo y pasión. El *Sabio* vive en alegría; capaz de serenar la mente no tiembla frente al premio o castigo; sin vanas palabras es igual en la buena o mala fortuna; deja el placer y sigue la luz. El *Santo* ha completado su viaje, deja atrás la tristeza; sin ataduras, es difícil seguir su vuelo; paciente sin orgullo; libre de ilusiones renuncia a lo aparente.

La representación y simbolismo integral de nuestro ciclo evolutivo se encuentra en la pentalfa. Sus dos extremos inferiores corresponden al primer nivel con los elementos tierra y agua; los brazos, al intermedio con aire y fuego; por último la cabeza con el éter. Evoca el ser auto-realizado y es gráfica ilustración del pausado avance en el sendero. Sin embargo, el frecuente uso comercial, empírico y político ha deformado ancestral simbolismo usado en meditación y oración. En su lugar optamos por la grada de cinco peldaños, la *Sal*, el *Sacro-Oficio*, *Renace*, *Pastorea* y la *Luz*.

Su intercalada descripción entre las Semillas Espirituales son peldaños del pausado ascenso.

En síntesis, las tres fases descritas en varias culturas y credos incluyen admirables criterios para tipificar nuestro actual ser. Con el símbolo del Sendero, combinamos los anteriores y otros elementos para describir al *Rezagado, Avanzado e Iniciado,* facilitando seleccionar alternativas hacia la auto-transformación. Repase cada una de las previas categorías, de *"vida"* en el *"*R*amillete de Opciones;"* con optimismo y valor ubíquese en una de las tres fases; es su propia auto-estimación y situación inicial a transformar.

Reflexionar sobre las características de cada Semilla, precisan nuestra auto definición y. movilizan de los dos primeros estadíos hacia la cima de la montaña en el umbral de la *Iniciación.* Sin momentos de auto complacencia, hemos de iniciar el retorno, en calidad de guías especiales para nuevos aspirantes, cumpliendo sagrados e internos pactos con la divinidad. Recordamos ahora, la doble vía del *camino,* evocando con gratitud seres auxiliares siempre ofreciendo la mano en difíciles momentos de la vida.

Especial mención amerita la palabra, siempre creadora; con doble filo, su fuerza constructiva o destructiva .es imparable El *Rezagado* habla con frecuencia de odio, envidia, vanidad y morbo sexual; el *Avanzado* es positivo, pausado; el *Iniciado* irradia sinceridad, altruismo, devoción.

La humanidad siempre polemiza el tema de la espiritualidad y se fragmenta en tres grupos: el minoritario de los ateos, para quienes sólo existe vida terrenal y nada hay después de la muerte; los creyentes en el cielo, infierno y los seguidores de la Reencarnación y karma. Creemos en la existencia del mundo espiritual, del Dios creador, de haber sido creados a su imagen y semejanza; es decir, dentro de nuestro cuerpo físico habita su divino resplandor. Somos viajeros cósmicos y por ello la reencarnación se ajusta a nuestro actual sentir y creer. Igual, participamos del divino sacrificio en la cruz, el cual por perdón y misericordia suspende la rueda kármica. Así, universal sendero Cristiano, incorpora sabios preceptos de grupos Occidentales y Orientales en búsqueda de lo espiritual.

DESASTROSA DICOTOMIA

"Cualidades divinas liberan;
Lo demoníaco, esclaviza.
Pero no Sufras, Arjuna,
Naciste con atributos divinos."

Puede la arcilla percibir su
Transformación en porcelana?
Internos atributos divinos dormidos en el potencial Arjuna explican lúgubre panorama descrito a continuación; fatigado, el interno Artesano también deja a la arcilla a su propio destino! Note lejanía de tradicional descripción de la dicotomía en pares de opuestos; para centrados en graves secuelas de su cara negativa y dinamizar la reparación.

Queda a nuestro designio declararnos ciudadanos de un país en especial con fronteras geográficas; normas social, cultural, religiosa. En humana sociedad, resaltar diferencias y usarlas para discriminar es usual; prioritarias estrategias políticas, financieras y gerenciales benefician a unos pocos. Líderes nacionales, locales, cívicos, religiosos son débiles con notables excepciones. Profesionales con exagerada ambición económica, suntuosas comodidades soñando con dominar el destino, oprimen trabajadores rasos. La religión, actividad dominical, usada en especiales eventos como bautizo, matrimonio, muerte es lejana de nuestro ser; es otra tenencia usada para discriminar en lugar de aproximar. Exitos notables, fruto de sinergia entre lógica y tecnología,

51

generados por transitorios dioses sólo acuden al castigador Dios frente a desgracias. La Biblia y libros sagrados, reliquias muertas en lujosos sitios, sin abrir por mucho tiempo, son mudos testigos de cruel apatía.

La alternativa es mitigar tremendas oleadas de angustia dolor, discriminación; con individual movilización hacia lo noble, correcto y justo, libre de color, idioma, cultura, religión en calidad de sacerdote y rey al servicio de Dios. Trasciende interna dicotomía, con mística fortaleza la cual es más disponible a mayor consumo.

De nuevo, el cultivo de las Semillas Espirituales ayuda a vislumbrar las anteriores diferencias, superarlas, y en unidad lograr anhelada transformación hacia genuino servicio.

SALGAMOS DE LA CARCEL

Separados por los barrotes de la celda,
El reo dice al guardián:
"Eres mi prisionero, mi propia sombra.
Te sigo en familia, actos y pensamientos."

Somos libres? Vivimos encerrados dentro de necesidades creadas, agresión, pasiones y vicios? Similar a la cárcel física, pasamos mucho tiempo en laberinto mental, cuevas afectivas, lamentos del pasado. Con primitivo instinto, celos, envidia, ira, ambición se producen manías, angustias, nos acercan al animal, lejos de seres celestiales.

Prisioneros del pasado nos obligamos a vivir con el ofensor, avivando secuelas de un trauma a responder siempre en forma condicionada. Exceso de pesimismo frena la aptitud del cambio, con frecuente uso de vacilantes términos: "*Si no me hubiera pasado, si no hubiera estado allí!*", Haga un listado en su diario y borre de su léxico en apropiado ritmo.

Por el contrario, en ocasiones, dependencia a pasados

Día, noche, pasivas dicotomías son silvestre rutina
Disuelve odio, amor, activos opuestos en angelical actitud.
eventos afirmativos de riqueza, buen nivel académico, social, cultural, ocasiones a expandir, con frialdad son rechazadas en reacción a lo recibido; fatal inconsciencia con agresividad atrae ingrata, pésima relación.

En el otro extremo del sicológico presidio, los soñadores restringidos por *"si pudiera, si tuviera!"* con la ensoñación pretenden solucionar problemas con mágicos recursos; ficticios actores de cine hacen y ejecutan al mismo tiempo el guión; al despertar sienten opresiva, frustrante depresión.

Ascender el sendero, recibir
El Esplendor; iluminados descender
En calidad de guías espirituales.

Y en al ahora, soledad, miedo por la pérdida de las posesiones; tornan libertad en *virtual cárcel*. Urbanización, migración fomentan intercambios con otras culturas, pero creamos barreras buscando protección. Por lo tanto, el guardián, nuestras tenencias, convertida en poseedora sombra, limita y encadena de nuevo.

Enfermedades, muertes en familiares, amigos y masivos desastres evocan variable sufrimiento y la adaptación se percibe diferente según crisis espiritual. Además de atención profesional, es necesario disponer de cuidado emocional y anímico para comprender, aceptar, proseguir. *Quién nos torna calurosos, amables para el necesitado?* Nadie en especial, *la universidad de la vida*, diría alguien; barreras para ofrecernos a lo demás, esclavizan por igual. Cuesta expresar incipiente solidaridad y quizás debemos aprender a ofrecernos a los demás.

Las Semillas Espirituales, ayudan a cuidar anímicamente de si mismo y de semejantes. Al hacerlo se convierte en nuevo ser, libre, amoroso, con renovado estilo disfrutar de bienes y con armonía enfrentar desafíos y dolores; surge especial ser del nuevo milenium con enfoque Cristiano universal sin barreras ni discriminación.

Juntos en nuevo amanecer, en el mismo jardín con peculiar ramillete; degustamos el mismo vino en diferente copa, pues cada humano es peculiar y agrega detalles propios a la verdad única encontrada en la *vida contemplativa*.
  "Todo esto y mucho más podéis hacer.
  El Reino está dentro de cada uno."

GRAN INSATISFACCION

Percibe el agua de la lluvia
Su ascenso del mar hacia las nubes?
Y tú, percibes el retorno a lo celestial?

Los bisabuelos se sorprenden con la tecnología actual del fax, Internet, biotecnología, viajes espaciales. Es maravilloso oír de transplantes, cirugías a distancia; la casa-inteligente transforma el rol casero y pronto la robótica inundará el mercado. Por infortunio, muchos grupos sociales estiman un sueño, lejana fantasía disfrutar tales avances. Cierre los ojos y visualice la anterior diferencia, añada detalles de su ambiente y aproveche ventajas de su *buena vida*.

El *tener* y disfrutar tales avances tecnológicos no sacia los apetitos del buen vivir. En la etapa del consumo actual, nos cansamos muy rápido de lo adquirido y por ínfimos adelantos los desechamos en buen estado. Cambiamos por aparentar moda sin real fundamento.

Superados horrores del analfabetismo, discriminación racial, y desventajas femeninas abundan oportunidades para quien decida conseguirlas. Persisten brutales guerras; famélicos rostros infantiles avergüenzan muchos países. Retos de la contaminación ambiental, terrorismo y Sida son nuevos flagelos, pero también hay nobles esfuerzos para vencerlos.

Asombra el adolescente de familia bien acomodada sumido en drogas! Igual sorpresa al saber de suicidios, en especial de jóvenes; alcohólicas desgracias en abusos, accidentes, conmueven a diario; jóvenes disparando en escuelas, nuevo estilo de violencia, lastima a familias de autores y ofendidos. *Como personas, familiares, amigos, omitimos oportuna acción? Pasamos de largo frente alguien necesitado?* La indolencia se torna contra nosotros al depositar su dañina energía en nuestro interior.

Malos hábitos en la comida, alcoholismo, droga-adicción, violencia, accidentes, daños ecológicos explican elevado porcentaje de enfermedad, incapacidad y muerte evitables, Incontables decepciones, traumas traiciones, alteran la conducta Propiciamos cruel, dolorosa auto destrucción: *"No morimos, poco a poco nos matamos!"*

Es decir, el terrícola y la sociedad ganan fabuloso adelanto tecnológico, pero mantienen amargo sabor por dentro, una frustración, dolor interno reflejados en cada uno y en la sociedad global, los cuales son curables dentro de nuestro templo inmaterial.

No hay termómetros de armonía interna, ni conocemos bien al ser interior. Al meditar los problemas previos, sentimos transitorio vacío y añoramos relegado espíritu en la vereda.

CRISIS ESPIRITUAL

"Falsa alegría es preferible a la tristeza,
Cuya causa es verdadera."

El tema sobre los pilares de la verdad, alerta sobre transitoria validez de posibles causas de la tristeza y fugaces momentos de alegría. El telón de fondo en la anterior cita de René Descartes, es la disociación entre la razón natural y nuestro destello divino, lo cual configura tremendo aprieto por abordar.

Recuerde tremendas caídas de los poderosos en lo moral económico y en lo político. *"A dónde vais, hombres ebrios de tanto poder"?* Nos dejan sin respiro ni esperanza en trance social; todo lo tenían, no saciaron su avaricia pues eran huérfanos espirituales.

Planteamos una brecha, un abismo entre el cuerpo físico y el espíritu dentro de nosotros. Por ello, el concepto, crisis espiritual, conlleva disfunción severa al no dirigir al cuerpo material. El *"vacío de autoridad,"* es funcional entre la figura directiva y los dirigidos: El líder existe pero no coordina en forma efectiva generando inseguridad, insatisfacción, caos, dolor. Frente a la ausencia de guía espiritual, emergen multitud de dioses falsos del poder personal, ambición y orgullo. Profanado interior templo por agiotistas mercaderes, es preciso expulsarlos, para llenarlo de luz espiritual. Si no se ilumina lo inunda la oscuridad y por ello no usamos el concepto de "*vacío espiritual,*" porque siempre en el cuerpo físico vivo, inclusive en coma profundo, habita el destello divino. Por negligencia, errores y olvido podrá estar aislado sin ejercer su majestuosa dirección, pero siempre atiende a un simple llamado nuestro. Relajado(a) repase mentalmente el previo escenario y luego concéntrese en céntrico destello.

En forma similar al mancillado santuario, en tradicional patio casero crecen maleza e insectos nocivos cuando perezoso propietario no cultiva su propio jardín. Situación diferente crea el diligente jardinero al obtener bellas flores y preciados frutos. No hay tal castigo de Dios en el primer caso ni la recompensa en el segundo. Abandono y apatía espiritual, oportunidad para el dominio de fuerzas negativas, impiden surgir al individual espíritu, siempre latente en los humanos.

El mundo exterior y la sociedad en su conjunto fomentan la separación con el mundo espiritual; es decir, vivimos fraccionados por dentro de nosotros. *Semillas Espirituales,* maneras y métodos para disminuir dicha brecha, incluyen conceptos básicos necesarios para su cultivo.

En verdad, no tenemos la certeza de *alcanzar el mundo espiritual,* estando todavía vivos. Sin embargo, nos fue dicho,"*Sed perfectos,*" y "*muchas cosas más podréis hacer.*" Consideramos al celestial mundo lejano, externo, para alcanzarlo sólo después de morir. Otros ni siquiera aceptan la vida después de la muerte. A su propio ritmo vamos a lograr con Usted, familiares y amigos la vivencia de lo celestial, ahora y aquí, en el mundo físico.

Lo místico, más allá de lo justo, trasciende lo religioso. Respetamos variadas formas para referirse a lo superior y. lejos de influir en su actitud religiosa, esperamos la afirme al profundizar principios universales.

Variadas obras literarias, ficción y novelas narran especiales encuentros, resaltan pensamiento positivo, adquisición de poderes, sanaciones, etc. Hemos leído muchas de ellas y también transitamos por organizaciones serias sobre el tema. Adaptamos dichas experiencias con lo asimilado en personal búsqueda y en grupal consejería espiritual.

Al caer lluvia sobre terreno bien preparado, brotan plantas, se obtienen flores y frutos; la misma lluvia es inefectiva en campo no preparado. En similar forma, adecuemos nuestro cuerpo con nobles actos y concentración en sublimes mensajes para recibir Gracia Divina.

FRUTOS A RECIBIR

"El agua no busca al sediento,
La sombra no busca al caluroso.
Pedid y se os dará!"

Somos simios evolucionados o espíritus caídos? La Biblia narra nuestra expulsión del Jardín del Edén y allá debemos regresar. No es de nuestro dominio describir tal armonía y felicidad. Anticipamos la ausencia de enfermedad, muerte, *"porque el primer cielo y la primera tierra habían pasado, y no había ya más océano."*

Y mientras caminamos, podemos esperar algo? Es crucial cumplir el deber sin apetecer recompensa. Sin embargo, podemos liberarnos del miedo, angustia y tristeza; no hay caos en la traición, fracaso o soledad; el triunfo, éxito y felicidad no son ataduras; la actitud es positiva frente a lo fatídico, dolencia o muerte.

Por lo dicho antes, amigo, es clave ganar conciencia sobre nuestro cambio en la actual vida! Rodeados de familiares, amigos, compañeros de estudio, del trabajo, cada uno maneja a su propio modo angustias, temores, dudas, atropellos. En muchas ocasiones requerimos apoyo y guardamos silencio en espera de alguien. La respuesta proviene de estable actitud de cuidar a los demás, de apoyar en adversas situaciones y laborar juntos, usando los peldaños de nuestro ascenso.

Hay programas de capacitación para cuidar ancianos, niños o casos especiales. En igual forma a la encomiable labor realizada por la Cruz Roja, ingresemos a noble legión de voluntarios para fortalecer en lo anímico a los demás.

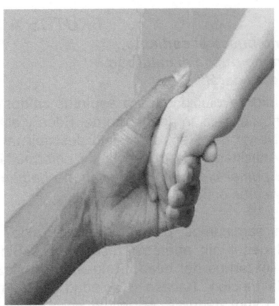

La solidaridad elimina barreras
Raciales, culturales, sociales.

QUIEN SOY?

Nos referimos en forma práctica sobre el viajero a la dimensión en la cual podremos curar heridas, borrar causas, disminuir efectos negativos, aceptar lo inmodificable, hacer pactos, vivir en armonía!

CORAZON PENSANTE

"En lugar de amar al mundo,
Enamórate de tu Interior,
Está más allá de las cosas y de lo múltiple.
Enamórate del puro Ser,
Está más allá de la acción y del pensamiento."

Corazón y pulmones, especial y único dúo distribuyen aire y sangre a todas las células. Advierta, decimos *aire* porque además del Oxigeno indispensable para vivir, es *energía* e *información externa* sobre el universo incluyendo distintas formas del tiempo. Al respirar Prana, conectamos la mente universal, abstracta, subconsciente y colectiva con la mente concreta, la cual mediante el sistema nervioso dirige las funciones orgánicas. G*anar conciencia sobre la respiración,* es básico para emprender nuestro despegue a lo espiritual.

La nariz limpia y sana permite la respiración adecuada; durante el día y la noche, hay predominio de una de las dos fosas nasales y a veces, la respiración es simultánea. En silencio, cerrados los ojos observe su respiración, trate con su imaginación de usar sólo la fosa nasal derecha, la izquierda y luego ambas. Por ningún motive presione las fosas nasales con los dedos para lograr dichos cambios. *La respiración activa, requiere paciencia y es muy efectiva para nuestros propósitos.* Luego de ganar experiencia, avance en el ejercicio, al inspirar por una fosa y expirar por la otra, usando sólo la imaginación; termine inspirando y expirando por ambas fosas en forma simultánea en la respiración alternativa. Eleve con fuerza el diafragma para el adecuado intercambio del aire residual en la base de los pulmones. Así elimina residuos dañinos. Aproveche nuevos adelantos para crónico roncar al dormir, más perjudicial de lo imaginado.

La sangre es vehículo de nuestro espíritu y por ello la vida física termina al no latir el corazón y no circular el espíritu; la unión entre aire, sangre se facilita porque es semi gaseosa por dentro y sólo se licua en el exterior.

Por supuesto, siéntase libre de consultar diferentes obras al respecto. Sugerimos incluir variados autores, nuevas teorías para ganar percepciones antes descartadas. Sabemos por experiencia propia y reacciones demasiado clásicas de ver sólo anatomía, química y fisiología al explicar nuestro cuerpo. Familiarizado con la Biblia, repase algunos pasajes especiales o consulte expertos. Le invitamos a meditar sobre Juan 3:8 *"El viento sopla de donde quiere, y oyes su sonido, más ni sabes de dónde viene, ni adónde va; así es todo aquel nacido del Espíritu." 3:9 "Si os he dicho cosas terrenales, y no creéis, cómo creeréis si os dijera las celestiales?*

Sentado o acostado boca arriba, comience a ganar dominio sobre el siguiente ejercicio: Inspire lentamente hasta subir al máximo el diafragma; concéntrese en la cabeza como si el aire la llenara; haga una pausa; al espirar o soltar el aire, irrádielo hacia el corazón. Al inspirar repita la vocal *i* en la pausa la *a* y al expirar la *o*. Hágalo tres veces y aumente en forma gradual hasta siete; al principio tres veces al día y luego al comenzar cualquier actividad. El proceso capta vibración pura, irradia la mente concreta, fortifica el corazón para agregar a su constante latido, universal función de entregar servicio y amor. *Tiempo de fortalecer la creativa imaginación al visualizar sin palabras el anterior escenario.*

Adecuado comentar, el uso de especiales vocablos en la forma descrita, aumenta la circulación de energía vibratoria en el cerebro, disminuye el temblor senil y previene trastornos cerebrales crónicos.

La palabra, energía poderosa, permite la comunicación agradable o repulsiva. A Esopo le pidieron lo mejor o lo peor para comer y en ambas situaciones sirvió lenguas. Evite la palabra hiriente, burlona, vulgar, sarcástica, peyorativa. *La avenida hacia lo espiritual se fortalece con la palabra armoniosa, afectiva, amorosa, pacífica.* En especial, elimine vulgares y despectivas expresiones al sexo.

Al considerar, quién soy, debemos referirnos a los diferentes roles en los cuales vivimos fragmentados; según coyuntura la tendencia debe ser hacia individual unificación. Atención especial merecen: padre/madre, hijos, hermanos, esposo/a y abuelos en el medio familiar. Es necesario visualizarnos en calidad de estudiante, trabajador o amigo; en cada rol, revisemos nuestro pasado y meditemos sobre posibles fallas e indeseables efectos. *Arrepentirnos en los ejemplos anteriores es pase directo a la vía espiritual.*
En resumen:

> Ejercite respiración activa y alternativa.
> Incorpore Corazón Pensante.
> Elimine la palabra negativa.
> Unifique su ser en diferentes roles.

VITALIDAD

**"No puedes parar el viento!
Construye molinos."**

*D*esperdiciar energía, frena la comprensión de su origen y compasiva forma de servir. Pruebe su imaginación y relate en su diario la relación entre el molino y la forma de actuar de la energía. Advertimos de nuevo, lo incompleto del esfuerzo racional. Pronto llega nuestra versión.

La energía nutre, dinamiza al cuerpo físico, por medio de la vitalidad, esencia de vida; manifestada en áurica capa periférica corporal es el tejido inicial de la túnica divina. Rememore posterior decaimiento en rabia, angustia intensa y extenuante fatiga posterior a largos períodos de estudio. Es un hecho, lo *emotivo* y *mental* consumen la *vitalidad*. Conocer sus cuatro niveles facilita adecuada provisión de insumos, correcta actitud en su cuidado.

La *química* de nuestro organismo, primera categoría de lo vital, iniciada por la digestión de alimentos, antecede al transporte de nutrientes por misteriosa corriente sanguínea. Análogo proceso ocurre al respirar e intercambiar Oxígeno y Dióxido de Carbono a nivel micro en sutil alvéolo con similar reparto sanguíneo. Idéntica transformación en animales; es refinada en los vegetales por compleja absorción de las raíces y la inimitable captación de energía solar por humilde hoja de la planta. Cierre los ojos, repase gráficamente la singular y permanente creación, mantenimiento de la *vida física* en nuestro planeta. De alguna manera, la energía solar captada por el bazo complementa la vitalidad, siendo útil exponer el área abdominal a los rayos solares.

La energía del magneto sólo atrae; el rayo sólo avanza, no pueden parar ni retroceder porque ambos funcionan en el mundo físico La misma energía en el viento empujando al molino impide al humano influir en el micro intercambio a nivel celular en la digestión y respiración. Es decir, inherente en la energía la curiosa amalgama, frena o estimula según sabia natura. Resaltamos la anterior capacidad porque semeja a la opción dual, instintiva en animales y consciente en humanos de no actuar o tomar decisiones. Al parecer, la energía presente en vegetales, animales y humanos sigue a la tremenda hipótesis de Lovelock sobre *"compleja entidad articulando varios macro elementos,"* lo cual amerita el concepto de *energía, fuerza vital* en nuestro coloquio.

Con similar percepción, autores especializados visualizan al aire en sagrada relación con el Prana, fantástico archivo de la memoria cósmica. Semejante creatividad inspira respeto por los innovadores y en lo práctico, alejan dudas y justifican esmerada atención a la respiración alterna con velado propósito de equilibrar la función de ambos hemisferios cerebrales, gran aporte para preservar la salud y superar cadena de apegos.

La vitalidad, directamente relacionada con la reproducción y actividad sexual, amerita actitud y comportamiento positivo alejándose de lo vulgar. Medite sobre posibles experiencias negativas, conceptos erróneos; si es necesario busque apoyo profesional.

Mantener positivas la Química y Sexualidad de nuestro ser, terrestre, fomentan la avenida espiritual. Excesos en una o ambas nos torna pesados, torpes, cercanos al Rezagado.

Plácido, sentado frente al cercano lago sin olas veía con plena claridad los detalles del cielo reflejado en la quietud del agua, en grandioso panorama del cielo, tan cercano y tan conmovedor! Era medio día, descansaba de compleja revisión del éter lumínico y reflector para expandir las notas.

Corazonadas, intuición, concentración, imaginación creativa, primarias manifestaciones de los éteres arriba mencionados, estratos superiores de la vitalidad, conectan a lo abstracto; son fomentados por obras buenas, repetición de positivas afirmaciones, y al orar. Esmerados aportes científicos sobre luz y sonido, con especial énfasis en lo quántico afirman o niegan la existencia de dichos éteres y optamos alejarnos de tal polémica; en el avance habrá iluminación.

Rechazamos nuevos enfoques y oportunidades debido a tradicionales ideas y costumbres. Supere ligera reacción frente al anterior mensaje, déle tiempo al tiempo, relea en variados estados de ánimo y haga sus propios ajustes.

DESEOS

"Furioso de no tener zapatos;
Encontré a un hombre sin pies.
Me sentí contento de mi mismo!"

Cualitativa forma de energía es poseedora y en gran parte conduce nuestros actos. No es posible medir el odio de quien discrimina y sólo hechos bárbaros muestran sus efectos. El indiferente, carece de interés, el indolente frena el sentimiento positivo: Frente al animal herido, el primero sigue tranquilo; el segundo pide el sacrificio; ambos frenan el amor, en tormenta consumen la vitalidad; el compasivo, fortificando su interior, lo cuida, lo lleva a especial sitio.

Opuestas emociones, caras de la misma moneda, pequeños detalles rebozan la copa. Recuerde el cambio del amoroso esposo/a y la impresionante reacción de algunos hijos! El Amor del mundo espiritual es único, permanente, no sigue caprichos del humano. Reforzamos nuestra avenida cósmica puliendo el amor físico, eliminando deseos de poseer al ser querido, quitar controles y fomentar su libertad.

Los deseos magnifican el poder, la ambición de falsos líderes y la soberbia de disfrazados maestros cuyos ejemplos dañan a seguidores. Descubra si excesivo sentido de pertenencia, posesión le inducen a variadas formas de discriminación; observe si los celos y el egocentrismo son la base de ambición, difícil de saciar. Destruya esa red, armonice lazos afectivos y disminuya sentimientos de exclusiva tenencia. La vida, fluir armónico de energía, comparte cariño todos los días, sorprenda en forma agradable a seres lejanos! Prodigar amor, donar sangre en silencio vitalizan su interior destello y físico cuerpo.

MENTE

Elévala hacia la gloria,
Recupera su brillo!

El juicio, crítica y pesimismo, peculiares de grisácea porción del intelecto, crean engañosa brecha con el alma del mundo. La decepción atrae tristeza, tormentosa ambición ahoga el logro. Por el contrario, brillante segmento del raciocinio atrae optimismo, eleva la alegría, cambia aprietos en triunfos. Véase en las dos situaciones anteriores, con interna armonía, risueño rostro en estrecha y brillante ruta.

La crítica crea barreras innecesarias, aleja de los demás y deja cicatrices emocionales. Antes de criticar, póngase en el lugar de la persona en referencia, visualice alternativas, opte por la más amorosa. Sea más amigo y menos juez.

La importancia personal es la creencia de ser el centro de todas las actividades, tener siempre la razón, saber hacia donde se dirige, induce actitud burlona hacia los demás. Es muy frecuente en personas exitosas, dedicadas al estudio y en familias de renombre. Se reconoce por fácil irritabilidad frente a la contradicción, con frecuencia induce a "salirse de casillas" sin presentar excusas. En el fondo son muy frágiles y algunas escuelas del comportamiento enseñan a dirigirlos. Aprenda a reconocerlos, irradie amor hacia ellos, use el silencio oportuno, eluda sus juegos de poder. Son grandes parásitos, consumidores de energía, difíciles de convencer y es básico ofrecerles amor, silencio y palabra armoniosa en la relación con ellos. Con la importancia personal muy alta carecen de amor, hablan demasiado y lastiman con su lenguaje. Al descubrirse en semejante situación con vigor trate de eliminarla.

La música, poesía, pintura, arte, actividades más allá del talento, generan sutil contacto al interno destello. Practique alguna de ellas, sin interesar su habilidad. Hágalo para Usted mismo(a).

EL ESPIRITU EN NOSOTROS

Quien vive tierra dentro,
Desconoce el mar,
No entiende explicaciones,
Debe ir a la Montaña para verlo.

"*Somos hijos de Dios; los cuales no son engendrados de carne, ni de voluntad de varón, sino de Dios*" (Juan 1:13). Es decir, somos espíritu dentro de un cuerpo y por ello semejantes a Dios. Para visualizar nuestro océano espiritual es necesario volar y soltar racionales explicaciones. No es posible la conexión a lo sobrenatural por el pensamiento, mente concreta ni por humanos anhelos.

Donde
No Hay
Mente

Mas
Alla Del
Sueño

Mas
Alla Del
Viento

Volar
Volar
Volar

Graba, cierra los ojos y asciende en la anterior ilustración por las esferas del viento, del sueño y de la mente.

SENSATO CONSUMIDOR

El maravilloso mundo vegetal utiliza energía solar, agua y minerales para generar bellas flores y variados nutrientes en ejemplar reciclaje, sin dejar desechos ni contaminantes. Amplia variedad del reino animal ejemplifica gran cadena de supervivencia en la cual persiste la transformación de residuos. El primitivo ser humano en acelerado desarrollo tecnológico se ha convertido en tenaz consumidor con el agravante de esparcir basura y contaminantes en la tierra y en el cósmico espacio En forma adicional, grave polución emocional y mental crean tremendas olas de terror y violencia en varios ciclos históricos. Vea con ojos cerrados su posible participación en lo personal, familiar y grupal.

Los antepasados dejaron bellos testimonios de su estilo de vida plasmados en templos, papiros y odiseas. Pasadas suficientes décadas aparecerá testimonio del adelanto tecnológico pero sin lugar a dudas habrá montones de plástico por doquiera. Es imperioso bajar el daño ecológico con ingeniosos aportes grupales e individuales. Si no somos parte productiva de la cadena de alimentos, no contagie el ambiente: Es responsabilidad de todos.

A nivel personal, familiar y de grupos cercanos hay la contaminación afectiva de los pesimistas y usuales críticos. Consumen la energía de los demás, siembran discordia y desastres, destruyen uniones y lazos de amistad. El maltrato y abuso a mujeres, grupos minoritarios es violencia e ignorancia. Con mayor negatividad, la discriminación racial genera increíbles barreras y oleadas de odio. Al encontrarse en tales situaciones, obsérvese con cariño y elimine su negativo aporte al ambiente sicológico. Su aporte refuerza el propósito de la presente obra.

A nivel macro social enfrentamos barreras entre países, discriminación al emigrante, comercio de estupefacientes, tráfico de mujeres y niños. No edificamos torres de Babel pero en su lugar somos testigos de crueles murallas en fronteras tornando a sus vigilantes esclavos del odio y perseguidores de sus iguales. El niño trabajador y la niña explotada sexualmente son terribles y nefastos. No espere a reformas sociales ni a las acciones judiciales; renuncie, escape de dichas cadenas; sin su participación no habrán tales actividades ni grupos. Es el noble impacto de su decisión al no ser eslabón de la cadena de la miseria, del ultraje. Renuncie ahora.

En lo económico, prima la explotación al necesitado. El brillante ejecutivo con demasiada auto estima olvida sus primeros pasos y reniega del trabajador raso. Su avaricia crece e ilusionado, confuso, trama sutiles estafas, bofetadas violentas con mayor desconsuelo. Comparta, devuelva al medio la oportunidad recibida.

Los políticos engañan a la sociedad con artimañas. Audaces mentirosos, difíciles de reconocer, cubiertos de promesas sus actos los descubren. Su ejemplo contagia a novatos, amplifica decepción y miseria. Complejo su cambio, muchas veces, sólo un temprano retiro salva de sus garras.

En lo religioso quedan sombras de tenebrosas épocas de la inquisición y persisten guerras bajo símbolos divinos. Pocos actos de proselitismo activo estimulan tolerancia. Triste caída de líderes y pastores con niños y jóvenes duele a todos, clama por temprana reparación. Persisten mandatos al nacer, morir, en la familia, exclusión de grupos especiales muy complejas, ameritan abordaje con amplia bondad y ternura. La perspectiva del actual milenio es halagadora, sorprendente, no contamine con la separatividad religiosa.

ACERCA DEL TIEMPO

El pasado es un recuerdo,
El futuro no llega aún y el
Presente acaba de pasar!

CICLO CRONOLOGICO

Enfasis en fechas de nacimiento, efemérides, desastres y logros; celebrar la navidad con pagano sabor. Enseñanza de la vida alerta sobre relativa capacidad de planear el futuro y lo estéril de conservar amargos recuerdos. Al aumentar los años, añoranza por buenas épocas y ansiedad por vejez y muerte atan a la tristeza. El Rezagado disfruta y sufre el previo transcurrir, con predominio de ideas y sentimientos de mínimo alcance en lejana percepción de lo sobre natural.

TIEMPO SICOLOGICO

Vehemencia en efectos positivos, negativos de pasados actos y futuros anhelos congestionan sicológico tiempo, ámbito del Avanzado; el balance final moldea su presente: Si predomina lo positivo, hay mayor fuerza y optimismo en los actos del ahora; negativo, el pesimismo y tristeza aprisionan. Sin embargo, la relación no es sencilla ni lineal, a veces, la fuerza de un sólo recuerdo grato eleva cual hermosa águila y en otras, amarga experiencia nos vuelve tercos y obstinados cual toro de lidia lucha con la muleta. De todas maneras, el pasado, similar a la carga de la concha del caracol, delimita y consume mucha energía.

Rumiamos mucho acerca del futuro y confiamos planearlo, sin percibir misteriosas corrientes cambiando el rumbo con grandes sorpresas. Así, la carga del pasado y el vuelo hacia el futuro precisan sicológico ciclo:

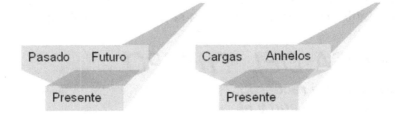

Pasado Futuro Cargas Anhelos

Presente Presente

Memoria, concha del pasado; *imaginación creativa*, águila del futuro; *Voluntad* y *concentración,* cuatro ingeniosas aptitudes por integrar con sabia actitud, abre el tiempo sicológico hacia pasado y futuro cual misterioso abanico de nuevos símbolos. También en los sueños, frontera entre lo concreto y abstracto, ganamos información y fuerza para dirigir la vida en el ahora. Sabemos de crónicas reacciones frente a lo novedoso; libérese ahora y obtenga máxima intuición. Lea acerca de la pirámide de Keops en el centro del planeta; divague cómo calcularon dicha ubicación. No interesa nuestra opinión ni múltiples teorías al respecto, fue posible hacerlo con superior conocimiento. *Imagínese en el privilegiado centro, abra sus brazos frente al este, integre su postura con universal cruz geográfica.*

ERA ESPIRITUAL

*L*a llegada de Cristo, corre el velo en la historia humana, sobre real oferta de esplendoroso cielo. Eventos del nacer y morir, refuerzan imágenes de la creación y fin colectivo. Recordar continentes hundidos, terremotos, maremotos, sugieren ignotas fuerzas lejos de nuestro control. Por asociación mental, asumimos hubo algo antes de lo creado y hay algo después del final; igual sagrados libros también lo pregonan. De nuevo, querido Lector, vaya a sus libros de cabecera, guías predilectos, con abierta disposición ajuste periodos, términos para continuar en la búsqueda. Pese a grandes diferencias; apremia continuar juntos, equiparnos al máximo para levantar inicial vuelo.

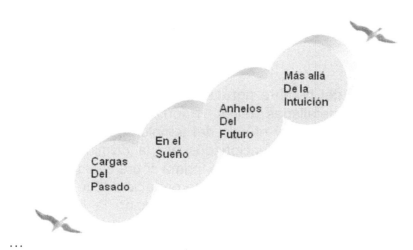

...

El Edén, Cielo, Nirvana, según orientación religiosa, *antes* y *después* de lo creado, abarca la persona, mundo físico, cosmos dentro del periodo Crístico con Antiguo y Nuevo Testamento. Imposible ir al pasado cronológico, el tiempo sicológico es puerta celestial. Concentración e imaginación creativa, alas del renovado ser entregan glorioso mensaje en sutil observación de las figuras. Revise con nuevo estilo.

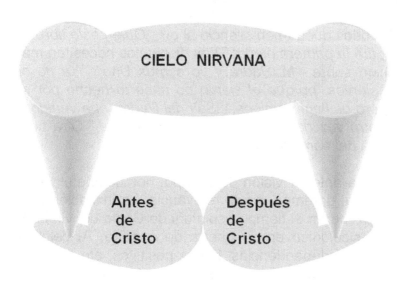

Imposible describir el Cielo o Nirvana por el raciocinio. Su percepción, regalo divino, llega en silencio al Iniciado.

ANTES DE CRISTO

Predominio del hombre agrupado en naciones regidas por estrictas y detalladas leyes. Prioritaria justicia, función sacerdotal, es tribal y el velo del templo separa al líder de seguidores. Reyes seleccionados por la divinidad, aplican ley del Talión, diente por diente, prima sobre cualquier forma de ternura o perdón. La guía e interpretación de lo espiritual, revelado campo de los profetas, anuncian la llegada del Mesías, del Ungido.

DESPUES DE CRISTO

Amor y perdón predominan sobre justicia y ley. El reino del Cristo no es mundano; para entrar a la Jerusalén monta en manso burro en lugar del brioso caballo. Lejos de conquistar a los romanos, pregona el servicio como requisito de entrada a su Reino. El joven rico desea seguirlo, pero al saber la única exigencia de perder su riqueza, desaparece del escenario. De noche, el experto en Sagradas Escrituras le consulta y menos comprende el mensaje, *"nace de nuevo!"* Todos quedan en silencio al oír, *"Quien esté libre de pecado, tire la primera piedra."* Los discípulos necesitan más explicación sobre, *"Mi Padre y yo somos Uno;"* *"Ya no os llamaré siervos, porque el siervo no sabe lo hecho por su señor; pero os llamo amigos."* *"Salí del Padre y he venido al mundo; otra vez dejo el mundo y voy al Padre."* Otra bella semblanza del *camino a la vida!*

Planteada la anterior visión del tiempo, nos compete ahora, decidir a cual daremos mayor relevancia. La invitación es a vivir al máximo en el tiempo espiritual de Cristo convirtiendo el tiempo sicológico en su puerta de entrada. Al celebrar cumpleaños, independencias, logros positivos, etc. y aun la natividad con universal ajuste serán tiernos y renovadores.

Afines al vuelo de la gaviota,
Símbolo de espiritual despertar;
"Perlas para Avanzar," refuerzan ánimo
Frente a tentador retorno hacia la
Rutina, aplazando sagrados compromisos.

PERLAS PARA AVANZAR

Si apenas ojea la obra y duda sobre el valor de la misma, le decimos, *"Es oportunidad y sorpresa de la vida;" puede ser la respuesta, el signo esperado."* Satisfecho con su estatus, goza de sus tenencias sin percibir el dolor de los otros, exclama con indolencia, *"Por qué preocuparme?; solucionen sus líos como he resuelto los míos."* Quizás, el solitario faro de su interior brille para iluminar la noche de su apatía y gane suficiente fuerza para buscar, lograr el cambio.

Siente atracción por el titulo? Los temas previos en cierta forma compenetran su ser y afirmativo, la considera su nueva inspiración, entonces ha partido, ha iniciado la renuncia y camina con especial grupo de buscadores.

Es difícil partir, dejar la comodidad de lo conseguido. Mayor reto aun continuar el sendero, no volver la mirada, parar o disminuir la intensidad de reposos. No se amilane, es normal sentir ansiedad, duda, coraje y rabia por habernos despedido. Antes de su seguridad interior, Ananda regresó varias veces al cálido hogar de su hermano en el cual predominaba la calma de la dulce compañía de su esposa, la ternura de los hijos, satisfacción al enseñar en la escuela y la paz de paseos al río. *"Qué más puedo anhelar yo?"* se preguntaba en el transcurrir de semanas. Sin embargo, lenta iluminación ampliaba su voluntad, forzando al siguiente intento y partía de nuevo a su búsqueda. Iguales, peores tentaciones, retrocesos habrán pero al persistir, seremos transformados para avanzar.

Las perlas se generan después de intensos y permanentes cambios en sus gestoras ostras. Similar cambio ha sufrido el carbón en el interior de la tierra para surgir el diamante. Flores y frutos son elaborados a corto plazo por las plantas. Son pálidos logros al poder humano inspirado por lo divino.

Procesos de cambio para iluminar el sendero, las Perlas, invocan la fuerza necesaria para fructífero esfuerzo. Medite en su contenido antes de iniciar su trabajo con las Semillas.

EL EJEMPLO VERDE

Esbelta, de frente,
Capturas luz solar y
Liberas frutos!

Imagine la hoja verde de la planta, su hermoso fluir de minerales, agua, aire y energía solar genera flores, frutos. Revise su conocimiento sobre exclusivo aporte vegetal al mundo físico, esencial y único en la cadena de alimentos. Efectuado por verde clorofila en la hoja representa sublime labor del éter lumínico y reflector en la vitalidad humana para captar energía divina. Al dudar en la ruta, descanse, visualice hoja, energía solar, fruto, flor; concéntrese en el proceso, sin hoja ni productos, sólo la energía; siéntase receptor de tal fuerza en su corazón.

Similar proceso ocurre en el girasol. Imagine la amarilla flor acechando el recorrido solar, capta energía y almacena precioso aceite en la semilla. Avance, recuerde el aceite usado en masajes y la mecha encendida en lámparas. Brille con especial intensidad y sea luz hacia los demás. De nuevo, perciba la energía divina y en acción, sin esperar retorno, agradezca con un servicio al urgido.

Si ha presenciado el manto blanco de un cultivo de algodón, vislumbre su transformación en telas de vestidos dando calor al humano; proteja a un ser solitario, e integre la red de recibir, otorgar y recibir.

LA GAVIOTA QUIERE CAMBIAR

Prevenido hacia los demás por hirientes agresiones contra Usted? Frustración y envidia lo aprisionan? Afín al aguilucho empollado por la gallina, aislado de sus hermanos pollitos, mira al cielo, suspirando, *"Cómo alcanzar el vuelo del águila?"* Al principio, tenue intuición mejoraba tímidos saltos fortaleciendo sus alas, hasta el mágico momento de elevar vuelo con feliz acomodo en su habitat. Extraviado al principio por circunstancias de la vida, pudo unirse al hogar verdadero. También su espíritu ha de remontar el cuerpo hacia angelical cielo.

Suspicaz gaviota vuela alrededor de barcos pesqueros; rauda, desciende hacia restos de pescados flotando en las olas; justo al instante de agarrar el indiferente regalo de los marineros, invencible fuerza la eleva y posterga el sustento. Cansada, hastiada de comer desechos, el sentido de supervivir vence la repulsión y melancólica acepta comer en forma ocasional. Inquieta, detalla a sus colegas viviendo para comer; siente pena por sus hermanos pelícanos, los cuales por cegatona vejez confunden el agua con el ramaje y se estrellan en la copa de árboles de vecinas islas .Intuitiva, *"Sabía! tantos clavados en la pesca perjudican los ojos,"* y persiste la duda sobre alternativas del alimento Además, sentía el abrazo del aire en el casi suicida descenso del águila, capturar su presa y segura, ascender, retornar al preciado nicho. Por dentro, anhela el vuelo de la rapaz ave y su pericia de cazar animales vivos. Insatisfecha, gana confianza en solitario caminante de la playa colocando trozos de pan en especial plato, parece encantada con la cordial y respetuosa oferta. Poco a poco, pierde habilidad al pescar y confía en la vida. Decide ganar maestría en volar, más allá del cielo, aprendió el verdadero amor, regresa para enseñar, promover la salida del exilio a rezagadas gaviotas. A diferencia del aguilucho, progresa en difíciles etapas de tenaz aprendizaje, afín a la evolución del Iniciado.

**Similar al aguilucho, cambie tenebroso ambiente personal,
Familiar, grupal; imite a la gaviota y acepta renovada misión**

PERCEPCION AMPLIADA

¿Vive en búsqueda de ilusiones y de falsos sueños? ¿Difícil diferenciar lo real de lo fatuo? ¿Recuerda al perro con su carne en la boca al lado del riachuelo, soltando su presa para agarrar el reflejo de la misma en el agua? Aprenda a movilizar su percepción al cambiar de perspectiva y medio en el cual usualmente se mueve. En el ejemplo del canino, al mover su cabeza hacia la orilla, notaría la desaparición del reflejo en el agua. Implica soltar su opinión y verla desde otra orilla, otro ángulo.

Saque un trozo de hielo del congelador y en silencio obsérvelo derretirse; hierva el agua, vea bajar su nivel al aumentar el vapor, debido a la intensidad térmica. En lo sicológico, agitados estados de ánimo calienta al raciocinio y confuso, mira al mismo tiempo, varias facetas del mismo asunto sin apreciar la causa del cambio. Aprenda a modular, intensificar o reducir la óptica con la cual observa algún suceso. El siguiente ejemplo ilustra dicha variación: En la calle, a cierta distancia, un hombre mal vestido, barbado con raídos zapatos le induce a creer se trata de un limosnero. Sin mostrar interés se acerca y al escucharlo piensa en la posibilidad de un enfermo mental. Su inquietud aumenta al mirar un libro en la mano y surge la idea de estar frente a un renunciante. En el proceso ha movilizado su energía emocional desde la crítica hiriente, la fría apatía hasta el calido interés por la persona en referencia.

"Dos peregrinos sedientos inclinados a la orilla del riachuelo, descansan, mitigan la sed. Relajados, oyen y ven fluir el agua. Y tú qué ves? Pasar basura, desperdicios. Y tú? replica con desgano; veo lo mismo, pero me concentro en el cielo azul reflejado en el agua."

Con frecuencia, percibimos sólo fatales aspectos alrededor de nuestro ser, con funesta invitación al pesimismo y decepción. La visión unidimensional, artificial deformación, engaña y atrapa al Rezagado en las redes del *prejuicio*.

VIDA NUEVA

Mantiene principios rígidos, es difícil valorar otras opciones? Molesta, se aleja de personas o grupos de tendencias y principios diferentes a los suyos? Observe de frente al número 6, gírelo ciento ochenta grados y verá un 9. Ejemplo sencillo de abandonar rígida forma lineal de ver y actuar. Cambie, adquiera el hábito de movilizar su forma de opinar transforme viejos y opresivos moldes.

Vamos juntos con anhelante abuela de cincuenta años en crisis por vivir con su hija y el yerno, al participar en el manejo de cuatro pares de percepciones al respecto:

1) (+,+): *"Estoy tranquila al lado de quien más quiero en la vida, mi hija;"*
2) *(-,+) "No hago mucho por mi misma pero si por quien más quiero!"*
3) *(-,-) "No tengo identidad propia y no lo evito;"*
4) *(+,-) "Estoy feliz pero dependo de otros.*

En la figura adjunta, el primer cuadrante con dos situaciones afirmativas insinúa una relación carente de problemas; sin embargo, los mismos emergen en el segundo y cuarto con doble deterioro en el tercero. No se desanime por aparente complejidad del proceso y partiendo del primer cuadrante en el sentido de las manecillas del reloj, observe despacio dichas reacciones y opiniones.

Al realizar el primer giro, la abuela percibe con mayor claridad el excesivo apego a la hija y poca auto estima por gran dependencia en el ambiente familiar. Al hacer la pareja el mismo ejercicio por separado y luego compartir, hubo mayor comprensión y de mutuo acuerdo acordaron acciones a realizar. Estimule ajustes en su vida, con similar ronda en varias de sus relaciones, invitando siempre a los actores a dinámica participación.

El primer cuadrante superior derecho siempre incluye dos aspectos positivos, (+,+) por ejemplo certeza, optimismo; el inferior izquierdo, (-,-), es lo opuesto ilustrado por pesimismo y oposición; el superior izquierdo inicia positiva simpatía, incluye luego negativa duda (+,-); el inferior derecho inicia con odio y cierra con amor (-,+). La espiral en sentido de las manecillas del reloj simboliza la calidad de la energía del proceso: Inicia en el punto central y al girar, expande la calidad y sutileza de la interpretación.

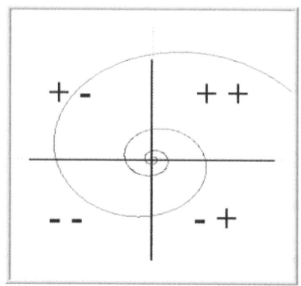

Usemos el tema del aborto en el punto inicial de la espiral: En cada cuadrante hay tres giros de la espiral, indicando mayor profundidad de la posición asumida. Así, en el primer cuadrante, el inicial argumento puede ser biológico para evitar malformaciones y médico por la salud materna. Al compartir otras explicaciones, es decir, al hacer un giro completo, llega de nuevo al mismo cuadrante con expansión de su posición inicial, por ejemplo, con respeto por libertad individual y calidad de vida. Un segundo giro, agudiza nuestra mente, por ejemplo, con visión filosófica y teológica.

Repare en algo crucial: Tres expansiones en el cuadrante (+,+) magnifican lo bondadoso, agradable; mientras en el tercero, (-,-) profundizarían el odio, fastidio. Los otros cuadrantes, mezclan dudosa actitudes. Resulta primordial estimular la tendencia a permanecer en el (+,+) por mayor cercanía a lo verdadero. La complejidad baja al practicar en compañía de otra persona y la notable ganancia es percibir al mundo tridimensional. Hemos encontrado en el previo enfoque, real pergamino, genuina perla, difícil de practicar, igual a la búsqueda de preciosas joyas. Animo, es puerta a desconocidas y latentes opciones. Al practicar las tres expansiones de su posición inicial; comprenda, asimile a los demás; modifique y mejore sus decisiones. La soledad no pesa tanto, hay mayor compañía y solidaridad.

PEDIMOS

Ha orado y no percibe respuesta? Ha de llegar en oportuno momento cubierta de especial velo; no es regalo directo sino trampolín hacia lo solicitado. La respuesta divina enseña a pescar, fortalece en místico silencio; responde a peticiones, no de la manera solicitada sino lo más adecuado a su situación. Aun lo bueno hace daño si es prematuro. Pedimos para el ahora, Dios prepara a lo eterno, agradece aclaración más sabia a tus peticiones.

Pedí para mí,
Sólo hubo silencio!

Pedimos fuerza,
Dios al ofrecer dificultades, crea fortaleza.

Pedimos sabiduría,
Dios nos enfrenta a problemas para resolver.

Pedimos prosperidad,
Dios otorga talento y habilidad al trabajar.

Pedimos valor,
Dios puso peligros superables.

Pedimos paciencia,
Dios nos coloca en larga espera.

Pedimos amor,
Dios muestra gente necesitada para ayudar.

Pedimos favores,
Dios presenta oportunidades.

No llegó nada de lo pedido,
Recibimos todo lo necesario.
La oración ha sido respondida.

SI AL CAMINAR

Misteriosa vida nos enfrenta a diario con eventos simples, complejos de singular mensaje. Aprovecha la oportunidad de asimilar, actuar; luego recibes acorde con tu piedad. Los tres puntos al principio de cada párrafo solicitan repetir, "*si al caminar;*" gracias.

...Una lombriz errante se quema en el asfalto,
Ponla en el fresco césped,
Alguien te sacará del exilio.

...Un pez agoniza en la playa,
Echalo al agua,
Aprenderás a pasear sobre las olas.

...Un pájaro se ha roto un ala,
Cúrala con ternura,
Tu vuelo será realidad.

...Una planta se marchita,
Riégala con delicadeza,
Conocerás permanente jardín.

...Sientes sufrir a un niño,
Dále alegría y consuelo,
En tu atardecer lo verás de nuevo.

...Encuentras un herido,
Cuida de su dolor,
No habrá soledad en tu alma.

...Aparece un ser en tinieblas,
Ilumínalo,
Lo sombrío no estará en ti.

...Haces bien sin distingos,
Ajeno a la vanidad de recompensas,
El bien ha de retornar en silencioso ciclo.

La bondad no es simple ni compleja,
No es pequeña ni fastuosa,
Ignora la comparación y la envidia.

El bien retorna para limpiar tus lágrimas,
Alerta tu ser frente a posible derrota,
Sin tempestades, nuevo sol ilumina tu ronda.

CRUZ UNIVERSAL

El ser humano, alquimia celestial y terrenal simboliza la cruz: El ascenso de vegetales desde la tierra refleja el madero inferior, lo animal aporta segmento horizontal y lo divino se incorpora en la porción superior. Ineludible, somos una cruz uniendo sutileza de vegetales, lucha con pasiones y recepción de la gracia divina.

La *cruz externa,* posición vertical con brazos extendidos, representa nuestra adecuación en el mundo colectivo; no podemos cambiarla ni reducirla. Su peso, forma y diseño se ajustan a nuestra llave de la puerta del edén. Cansado viajero de cargar la cruz, la recorta en cada reposo para llegar más rápido al punto del abismo entre lo terrenal y lo divino. Al llegar, observa al puente entre dichos extremos con la original dimensión de la cruz por lo cual no tuvo acceso a la divina morada.

La *cruz de brazos iguales* en el círculo simboliza misterioso retorno de la persona hacia la divinidad, con el punto central simbolizando la manifestación del Padre, al Hijo en el radio y al Espíritu Santo en la circunferencia. En lo personal los cuatro radios aluden a lo físico, vital emocional, mental; tierra, agua, aire y fuego; su recorrido por este, oeste, sur y norte. Asimilamos la magnitud del *"Yo Soy el camino a la verdad, al Padre!"* y confiados, el viaje en espiral por los cuadrantes nos lleva a lo real. La cruz en el círculo, invocada al final de la oración nocturna, ilumina los sueños.

Admírese, preciada Lectora, la cruz en el círculo existe a nivel cervical, sólo actívela: Sentada, respire suavemente, cierre los ojos y ore; mueva al máximo su cabeza hacia la izquierda, luego a la derecha, regrese al centro, luego hacia atrás y adelante, haga un movimiento circular completo.

Misteriosa fórmula enseñada por el Maestro Jesús, perfila particular *cruz etérica* al develar ignoto significado de su eterna oración: *"Padre Nuestro que estás en el cielo"* la invocación con alternas alusiones al cielo y tierra estructuran el segmento vertical, cruzado por, *"No nos dejes caer en tentación y líbranos del mal."* En la página 84 hay mayor detalle al respecto.

Postura vertical con brazos adheridos al tronco, evoca visión unidimensional, similar a terco correr en línea del Rezagado. Elevar brazos hasta lograr la efigie de la cruz externa compromete avance hacia lo bidimensional del Avanzado; diluye pasiones, releva pesimismo, agiliza abandono de negativos cuadrantes y equivale a reverente saludo de lo visible. La pentalfa florece al separar piernas por completo, extender brazos hasta alinearse con pies y cabeza hacia el firmamento. El Iniciado saborea lo tridimensional arribando al cuadrante positivo en franca felicidad, saludo angelical susurra interno mensaje de *"Héme aquí, listo a Tu servicio."*

Sincronice su vida con la cruz al despertar, salir del hogar, despedir seres queridos, iniciar alimentación, al regresar. Si alguien le molesta, en lugar de perder sus cabales, devuelva una cruz con su Imaginación Creativa y en situaciones de peligro, trace la cruz dentro del círculo. Antes de dormir, pida permiso a la divinidad para en los sueños llevar una cruz en el pecho, en especial cuando visualice peligros, tentaciones, seres fallecidos. Sublime hábito, atiza el fuego espiritual como el aire infiltra la respiración.

Fabulosa escalada de cruz exterior, personal, interna en el círculo, cervical, etérica hacia la pentalfa motiva, asegura su próximo rol de consagrado cultivador(a). De nuevo, use la imaginación creativa al visualizar dicho proceso.

Tierna invitación a revisar conceptos. Buena práctica!

SEMILLAS ESPIRITUALES

Amor
Oración
Perdón

Servicio
Silencio Interno
Humildad

Palabra Oportuna
Desapego
Bajar Control
Reaccionar Menos

"Al dejar flores en la tumba,
Miraba a un chino,
Colocar sólo arroz.
Curioso pregunté,
"Cree, vendrá a comer?
Si, cuando su pariente aspire las flores!"

Estamos en un mundo de opiniones diferentes, con ideas propias, convencidos de poseer la verdad. El Oriental rememora su pariente ofreciendo el arroz, de gran símbolo en su cultura; mientras el Occidental acude a tradicionales flores. Todo iba bien hasta la ofensiva pregunta sobre el retorno del difunto para comer lo ofrecido. Por fortuna, *"Cuando su pariente aspire las flores,"* calma la situación.

Recorre diferentes ideas, filosofías, religiones en lo posible, prepárate a compartir, bajar exclusividad, mejorar tu visual.

Las semillas, esencia misma del cultivo, requieren apropiar el terreno, lluvia o irrigación y luz solar. Igual, exquisito esmero ameritan cuerpo, lo vital, la emoción y lo mental para aceptar su conducción ahora en terrenal escena.

Adecuada imagen del cultivo incorpora procesos internos, externos; requiere cuidado, dedicación; en especial, de lenta maduración los frutos prueban la paciencia.

Las Semillas Espirituales pueden ser conocidas por Usted, querido amigo, pero se trata de incorporarlas en nuestro pensar, sentir y actuar. Por ello, lejos de explicación académica insistimos en su diario uso con intensidad variable, anhelando en momento justo, el florecer al más allá de lo físico, en el Jardín del Edén a donde pertenecemos.

Las cuatro últimas semillas conforman inductivo paquete, practique primero la más adaptable a su tendencia mental, emocional acorde a ley del ahorro energético. Menos difíciles de incorporar, ayudan a la decisión de iniciar la transformación, de abandonar la etapa del Rezagado, estimular la perseverancia del Caminante y el retorno del Iniciado. Sincronícelas con las tres etapas del Tiempo, gane nueva inspiración con las Perlas. Si no lo ha hecho, regrese con madura imaginación, sin prisa por iniciar el cultivo, Dios nos guíe en la búsqueda!

Intermedio grupo de Humildad, Servicio y Silencio Interno área del Avanzado, quien ha salido de la tierra y cruza fluidas aguas. Muy correlacionadas, intensifique la práctica por la más afín a su percepción y estilo.

El trío inicial, peculiar del Iniciado, es llave de oro para la unión con lo divino; Perdón y Oración se amalgaman en el fundido oro del Amor.

NO REACCIONAR

"Eres el Rey de los Judíos?
Y El dijo: Tú lo dices."

La anterior respuesta independiente de la pregunta, sin rencor, condiciones, ni asombro por nivel del líder romano, excluye manejo de energía repulsiva. *"Tú lo dices,"* retorna la pregunta, deja en el limbo a la autoridad.

Reacción frente a evento súbito de un accidente, desastre natural y pérdida del ser querido es normal. Nos centramos en la respuesta condicionada en cotidiana relación con alguien: Es la percepción real, errónea de ser molestados o estimulados; vivir a la defensiva, prevenidos, listos a la defensa. El esposo invita a su mujer a cenar, ella responde: *"Y así quieres solucionar el problema de hoy?" "Hacia falta ya una invitación!* Prevenida, tensa y enojada descarga energía negativa empeorando la situación. Sin atizar candela: *"Gracias y arreglemos lo sucedido;"* calma ánimo, predispone al arreglo.

El hijo pregunta si puede invitar a un amigo a pasar la noche en casa. El padre responde, *"No podré estar tranquilo!"* Respuesta amarga induce rebelión, ansiedad. *"Aprobado y ayúdanos a estar tranquilos,"* es actitud pausada, positiva.

Ha decidido no ir a la misa dominical por criticar sermones del sacerdote al creerlos inadecuados? Es otra forma de patinar en falso con el juicio y rechazo a las acciones de los demás; su criterio en forma automática sobre pasa a los demás. Es decir, la razón siempre le acompaña! Así, prejuicio, orgullo, egoísmo crecen con reaccionario hábito aferrándose a primitiva postura. *"Vamos a la iglesia y aprendamos algo;"* baja competencia y critica.

Permanente oposición aumenta la malicia, irritabilidad, ata a lo burdo e impide la *vida buena.* Red tendida por su interlocutor, mientras más fricción, mayor enredo. Crónico rebelde en la pareja, familia, en el trabajo o entre amigos enturbia el ambiente con ansiedad, soledad e incertidumbre.

Alguien camina rápido en la calle, le adelanta y Usted piensa" *"Por qué no se levanta más temprano, en vez de vivir corriendo?"* En un seminario, el conferencista solicita una opinión de la audiencia y Usted es la primera en levantar la mano. La acelerada persona le impregna una carga de clavos en su mente con enojosa sensación de perder su previo propósito. La próxima vez frente a similar evento, se aleja para darle más espacio y sin calentura, lo ve alejarse. La ecuación es *"acción-no reacción."* En el caso de la conferencia, espera otras intervenciones y actúa libre sin sesgos; la fórmula es *"acción-acción."*

Elabore ejemplos propios y observe los elementos descritos: *acción, reacción, consecuencia.* En general, las dos últimas, favorables o no, se deben reducir al máximo. Al hacerlo disminuye el condicionamiento a las acciones de los demás y gana equilibrio en sus actos. De igual importancia es la *acción* serena, ecuánime sin disturbar a quien nos dirigimos.

Por la noche, rememore y observe todos los roces ocurridas en el día, sienta la energía negativa envuelta en cada situación; imagine la no-reacción y experimente el cambio energético. Al iniciar el día, visualice actos sin reaccionar y en vida real eleve maestría en cada relación con los demás.

MENOS CONTROL

Un rayo incendia la choza del náufrago,
*Triste pregunta a Dios, **por qué?***

Guiados por el humo llega el rescate.
Dios parecía decirle, **qué preguntabas?**

Somos dueños del destino? En verdad podemos capitanear el barco de nuestra vida? Acompañe al náufrago en su triste mirada a la columna de humo de la destruida choza, quien nunca imaginó sería hilo conductor de su redención. Recuerda la blanca garza vacilante pisando y picando a su reflejo en el agua para saber si es real o ilusión? Con similar actitud el blanco ejemplar frente a su casi negra gemela pregunta, *"Eres tú real o mi otro yo?"* Por supuesto, en la realidad ni la garza, ni el primitivo marinero hacen pregunta alguna; porque en la ilustración ambos tipifican instintiva percepción: La grácil ave levanta vuelo y el desprevenido marino exclama, *"el rescate ocurrió por azar."* Sin rechazo a lo celestial, simplemente no lo percibe y muy parecido al aguilucho criado por la gallina, requiere intentar muchos saltos para adquirir su potencial capacidad de volar. Con libre imaginación, regrese a dichas referencias, asimile preciada, escurridiza verdad de ineficaz control en la vida, por lo cual, no somos dueños del destino.

Exagerada confianza en el *"yo sí puedo,"* impulsa fatal exceso de controlar ideas, emociones y actos en compulsivo anhelo por triunfar en la vida. Aprendamos a controlar menos, al observar primero las relaciones con los demás.

Adicional a la interna lucha de si tenemos control de nuestro destino, soportamos el esfuerzo de otros para elaborar nuestro futuro! Los padres ejercen mucha presión a los hijos; desavenencias matrimoniales aumentan porque el uno trata de modificar al otro; obsesionado profesor por un método y ritmo de aprendizaje confunde al estudiante; líder espiritual, religioso aferrado a propias creencias atemoriza seguidores. Perciba, insistimos, sin juicio ni critica *excesivo* esfuerzo de controlar, dirigir a los demás y modere dicha actitud. De nuevo, al final del día, rememore sus actos, sienta su estado de ánimo al ejercer control y observe la energía desencadenada por su intento. Por la mañana siguiente, imagínese en el día sin manipular.

Rememore personales eventos del primer amor, amigos, enemigos; títulos adquiridos; fracasos, éxitos. Difícil precisar cuánto se debe a nuestro esfuerzo personal, al medio familiar, social, cuánto es indefinible. Meditemos en silencio sobre sutil, fuerte influencia de los padres, eventos infantiles, hermanos y amigos; alguna maestra en especial, la lectura de un libro, un dolor inesperado o súbita crisis. Sin reconocer, dichas situaciones moldean la fuerza de personal control, mitigan la terquedad y ganamos conciencia de misterioso acople entre íntimo empeño, externas fuerzas familiares, sociales y místicas corrientes.

Determinados por muchos factores, existen momentos especiales en los cuales sintetizamos lo interior con lo ofrecido por la vida y al balancear, decidir por una opción surgen mágicas decisiones: *"Estudiaré Medicina," "Cásate conmigo," "Conseguiré un empleo,"* etc. Aun, llevados por lo externo, son los momentos de mayor control ejercido en la vida. Después, imposible predecir o asegurar un especial resultado; la Vida ha de moldearnos. Es decir, nuestra situación es aleación de *control, no control; seguridad, duda.* La intensidad de su combinación, la proporción de la mezcla es creencia personal, difícil de medir: Los de predominio intelectual, se proclaman autores de su vida y los de predomino devocional aceptan ambiguo destino.

En el éxito y lado amable de la vida, la certeza de nuestra dirección es grande; pero en fracasos y sufrimientos la seguridad disminuye, sin mencionar el azar, aceptamos cierto *"castigo en la vida."* La creencia de ser responsables por sólo una cara de la moneda magnifica la ambición y el poder humano con gran ceguera espiritual en las relaciones.

La llamada casualidad, es fácil y cómoda interpretación del feliz evento. Y eso es todo? Amerita del toque divino para persistir en la misma vía o aceptar superior alternativa. Recuerda el fratricidio intentado a José? Al encontrarse en Egipto y revelar a sus hermanos su milagrosa salvación, podía ahora ayudarlos porque el *"Señor era quien lo había enviado."* El impacto de nuestra decisión es tan casual como la sombra cambia con la intensidad y dirección de la Luz; el divino designio se refleja en el azar, en el no-control. El mundo espiritual nos rodea más de lo aceptado e influye con poder en todo lo nuestro; difícil de entender, aceptar, asimilar. Observe su vida, la de seres cercanos, al explicar logros, en silencio agradezca especiales factores llamados *suerte, azar, destino, lo indefinible* en realidad, *pinceladas divinas* a su excesiva confianza en control y personal poder.

UN CAPULLO!

*E*l cultivo de las Semillas se auto potencia en impredecible y armónica manera para obtener cambios inesperados. Al practicar e internalizar la no reacción y menos control florece la paciencia, gran virtud, preventiva del desgaste físico ahorrando energía para avanzar con serenidad. Aleja la ansiedad al no percibir cambio alguno; aprende, lo grande ocurre en silencio.

SAL

"Sois la sal de este mundo..." y la simple rutina esconde el verdadero sabor de la vida. Nueva fase de promover el cambio y preservar verdadero conocimiento, imita paradoja en la sal, de modificar y conservar. Ahora la actitud es doble: insistir en el propio avance individual y respetar el ritmo de compañeros para asimilar lo recibido. "Pero si la sal deja de estar salada, cómo podrá recobrar su sabor? Ya no sirve para nada, se la tira a la calle y la gente la pisotea." Similar al referido mineral, el Avanzado dispone de prudente tiempo para conservar su capacidad de cambio e iniciar su

labor; de lo contrario, pierde su función, no sirve; similar a Jonás, entra en la oscuridad de la ballena por tres días. Claro, dispone de otra oportunidad al reasumir de nuevo su rol, como el profeta prometió cumplir su misión a Jehová.

"Sal de la tierra y ve adonde te indico." Elegidos, debemos abandonar viejas tenencias, compartir, orientar irreflexivos pasajeros. Juntos, en mutua ayuda avancemos; el Creador, lejano sin distancia, selecciona de voluntario grupo a sus espirituales representantes. Acepta ser sal para el mundo

DESAPEGO

Aquí traemos al ladrón y su candelabro de oro!
El Arzobispo replica: **"Dadle el otro, también lo Había regalado y dejadle ir."**

Al dejar la usual reacción y minimizar control, podremos realizar acciones sublimes, sorprendentes igual a la descrita arriba en *Los Miserables* de Víctor Hugo. El Arzobispo había alojado en la iglesia al prófugo ladrón de la justicia. En su ansiedad, el necesitado convicto decidió llevarse un candelabro de oro. Capturado, de nuevo perdido y humillado frente a su benefactor, *"Dadle el otro candelabro y dejadle ir,"* era la oportunidad, luz transformadora esperadas por tanto tiempo, El sacerdote renuncia a su justiciera capacidad y deberes de proteger los bienes para mitigar al afligido. Es decir, suelta su autoridad, su dominio y deja el proceso en divinas manos Así, benevolencia y flexibilidad abrazan al equivocado, en sublime ejemplo del desapego a la autoridad aplicada con sabiduría.

Esclavo al dinero, títulos, prestigio y poder, medio familiar, social, impiden compartir dichas tenencias. Igual, poseedor celo, sombra permanente asfixia relaciones con increíbles y dolorosas reacciones.

Egocéntrico lobo, marca terreno y personas con ficticio sello en vana creencia de abarcarlo todo. Pálido centro de referencia, siempre a favor o en contra; disocia con su *"me gusta," "me disgusta."* Posesivo, falla en la compasión.

Aferrado a lo tradicional, abolengo y al *"pasado fue mejor,"* incluidos en cargas sicológicas, ya sabemos perderlas en el horizonte, Pág. 69. Excesivos anhelos se eliminan al no sufrir por éxito de los demás ni envidiar sus adquisiciones.

Invierta cuatro semanas observando sus diferentes formas de apegos; sólo obsérvelos sin pasado ni futuro, no los justifique. Pida permiso dentro de Usted y con amor, observe apegos en seres cercanos, sin juzgar ni criticar. El Desapego es el primer amor, el primer vuelo de la mariposa después de la crisálida, se obtiene por un conjunto de fuerzas armónicas no programables. Es entrada a la humildad, practicada sin nombrarla. Su fuerza interior perfila sosegado y amoroso ánimo.

CAVILACION

El niño, *apegado* a sus juguetes, es gran imitador e insiste en *"por qué?";* el adolescente con energía del conquistador, confía en su emoción y *controla* por naturaleza; al empezar la madurez, el ser humano sincroniza la mente con lo emotivo, para hacer el bien en búsqueda de la sabiduría. *El Corazón-Pensante* moldea justicia, disciplina, conocimiento con misericordia, caridad y amor, en el esmerado cultivador de las anteriores semillas. Alineado lo físico con lo espiritual, el profesor de Sagradas Escrituras comprende, *"Habrías de renacer;"* el joven rico sigue la recomendación del Maestro, *"Regala todas tus pertenencias"* y la mujer adultera lo seguiría al oír, *"No te juzgo, aléjate del pecado."*

PALABRA OPORTUNA
"Gracias hermano, la paz sea contigo!"

*A*l hablar enviamos al exterior la clase de energía disponible en nuestro interior. El argumento sale del intelecto, la palabra verdadera emerge del alma. Nuestra máxima atención es dirigir mensajes positivos porque son fuerza creativa y evitar los negativos porque debilita, destruye al receptor, a quien las genera. Al estar irritado es preferible no responder y es más seguro acudir a la observación con ojos y mente cerrados. Sabemos de la gran dificultad de arrancar: *"No puedo cambiar mi forma de hablar!,"* comentan muchos. En tal situación, practique las semillas anteriores y sólo observe su lenguaje.

Los niños y aun adolescentes, altamente emotivos, son muy sensibles a la palabra hiriente, sarcástica y dejan cicatrices, barreras profundas en sus relaciones. Padres y profesores al cultivar la palabra amorosa generan en hijos y estudiantes sentimientos duraderos, armónicos. Similar efecto hay entre esposos, amigos y en el trabajo.

Cálido término armoniza al irritable o angustiado. Si alguien pregunta en agresiva, hiriente forma, brinda oportunidad para ganar sutileza al devolver cariño y ternura. De nuevo, lo hacemos sin esperar resultados de gratitud.

Hablar al solitario viajero es acompañarlo, compartir su silencio, atenuar su posible dolor. En muchas ocasiones, nos sorprende recibir más de lo ofrecido y atentos debemos escuchar, aprender de quien consulta.

Elimine comentar situaciones personales de conocidos ni establecer comparaciones. Tampoco es adecuada la actitud dogmática de saber todas las respuestas: el principal actor es la situación de su semejante, con sabiduría, ternura, tratan de evadir peligrosa corriente y descansar en la orilla.

Uso excesivo, inapropiado del *"yo," "me," "mío,"* crean barreras innecesarias: *"Mi obra,"* es parcial verdad, porque muchos factores la hicieron posible y es genuino decir, *"la obra."* Posesivo, *"Mi amor por ti es grande,"* excluye, mientras, *"nuestro amor es grande,"* es mutuo y compartido. No es cuestión de términos, es fruto de la intensidad del egocentrismo. De nuevo, observe su estilo de hablar y de alguna manera, anote en su diario, la intensidad del *"yo/mi,"* en su hablar, sienta la vibración producida y a modificar!

Destacamos sanador y conciliador diálogo, cuyo desarrollo en nosotros conviene cultivar y practicar. Abandone chisme, vulgar humor, crítica, superficial parloteo para dar paso a la estimulante anécdota, fino humor y mutua comprensión.

SACRO OFICIO

Al reaccionar y controlar menos, la paciencia nos lleva de una mano; desapego, palabra oportuna de la otra mano con la actitud de dar y cuidar. Dar lo accesorio es cómodo, pero sacrificio implica reducir tenencias, comodidades. Imposible vitalizar nuestro aprendizaje sin conciencia del dolor y soledad de los demás.

El altruismo, generoso enfoque humanístico y solidaria actitud, amerita del sacro-oficio, para actuar en nombre de lo sagrado. Ahora, actos benevolentes en nombre de la deidad nos convierte en elegidos y por ende, sacerdotes. Captamos sagrado mensaje de la presente época Crística, cuando Dios en forma indirecta confía en aquellos dispuestos a realizar su labor. El velo del templo se rasga y por dentro el eco divino susurra, "Eres sacerdote al servicio de Dios". Sin ropaje ni ceremonia actúa con sacra intención.

Salimos de nuestra tierra, promovemos el cambio y sin metas humanas nuestro sacro oficio refleja lo divino. En silencio han surgido dos peldaños de misteriosa conexión de la tierra al cielo, del raciocinio a la revelación.

SACROFICIO

SAL

No Reacción, Menos Control, Desapego y Palabra Oportuna se convierten en dos Lemas para avanzar.

HUMILDAD

Al pronunciar tu nombre, escapas.
Si afirmo no tener orgullo, más se crece.
Qué hacer? Ama y sirve en silencio!

Las cuatro anteriores semillas en el mundo físico es el escenario de nuestro esfuerzo y dedicación para avanzar en el sendero. Pronto llega la percepción divina al estar preparados. Ahora, los actos no se basan sólo en la pacífica inter.-relación; avanzamos y sentimos dentro de nosotros al ser Divino, visualizamos seres espirituales a los demás .en verdadera y universal meta de ser hijos de Dios. Los cambios adquiridos sedimentan nuestro ser y agotamos los saldos de orgullo, ambición y egoísmo. Discriminar por saber, poder, riqueza ya no es posible!

Indolente *arrogancia* niega la realidad al considerar a los otros por debajo de uno. El *orgullo,* escape a la inferioridad; la *vanidad* esclava de la alabanza, son ilusiones basadas en la ignorancia y rechazo a nuestras reales condiciones. La Humildad acepta nuestras limitantes y oportunidades.

En la humildad *vemos* el mundo físico y espiritual en forma simultánea, aceptamos el recorrido material pero actuamos como seres del más allá. La exclusiva vivencia del mundo físico con su aparente belleza y comodidad inclina al orgullo, autocomplacencia, desdén por los demás. Así mismo, recluirnos en templos para meditar sólo puede ser temporal oportunidad en el aprendizaje. El valor de permanecer en lo físico sintiendo en forma continua la presencia divina equivale a constante inclinación de cabeza, al permanente saludo a nuestro verdadero Rey.

La vanidad de vanidades confía demasiado en la capacidad humana, en la ciencia y tecnología; el orgullo se fomenta por la riqueza, la belleza corporal y aísla del servicio a los demás. Vanidad y orgullo nos centran en lo mundanal; por el contrario, la humildad siempre es entrada a lo divino.

El Hermano Alberto Alcívar, Pastor de la Iglesia Teosófica, anota: "La Humildad puede verse desde dos puntos de vista: Sumisión, porque el ambiente presiona sobre uno, lo cual no es válido y lo mismo seria humilde el animal o el ser poco desarrollado. La verdadera humildad es cuando a pesar del poder mental, financiero, belleza intensa, habilidad directiva, artística, los ofrecemos al servicio de Dios sin vanidad. Se ha encontrado el equilibrio interno y hablamos de igual a igual con ricos, pobres; poderosos, obreros sin sentirnos especiales, Es comprender su propio desenvolvimiento y aceptar un futuro igual o mejor al nuestro. La humildad genera carisma, atrae a personas, plantas, aves y animalitos en respuesta a las palabras, sentimientos irradiados."

SILENCIO INTERIOR

"Bástele a cada día, su propio afán."

Poco a poco, nuestro cuerpo en silencio y misterio, abraza lo espiritual. Si sueña poco o los olvida al despertar, observe peculiares cambios en nitidez y mejor información. Anótelos en su diario y léalos tres semanas después para captar y comprender su significado.

Fortalecer su interior silencio requiere eliminar el *parloteo mental,* o sea, la constante repetición de acciones y secuelas del pasado. Vuelva a la figura de la Pág. 69, observe las cargas acumuladas en su memoria y suéltelas, véalas caer y desaparecer en el horizonte. Si prefiere *"use el riachuelo a su derecha."* En especial, descarte palabras grabadas en su memoria de dolor, tristeza; rodee de luz a quien las pronunció y luego olvide.

En regresión al pasado adquiera habilidad de asociar figuras, símbolos, mínimas palabras; en silencio, observe, perdone, borre. Si Usted fue el agresor, véase perdonado. En la siguiente práctica, regrese sin palabras y modifique la escena, por ejemplo, caminando en un bosque con su agresor. Elimine explicaciones o reacciones; el silencio del pasado es vital para su liberación actual.

Los anhelos del futuro y las metas por alcanzar son muchas veces angustiador ruido mental. Claro, aspiración y anhelo por mejorar son necesarios y es propio gastar energía y esfuerzo para avanzar. Pero es diferente vivir condicionado por comparar lo adquirido con las comodidades de los amigos, o por el deseo de disponer los últimos adelantos de la moda. Disfrutar ahora de los dones recibidos, eliminando la comparación nos quita el deseo de cambios innecesarios y aquieta la mente, completando así el silencio interior sin llantos, envidias ni pesares.

SUPERE DESOLACION

Serios y persistentes en el cultivo de las semillas, es inevitable sentir aflicción, soledad interior. En el estadio, mezclado con la multitud, oyes su bullicio y aun así, te sientes separado de la masa humana; en reuniones sociales oyes la música, miras la diversión y sin criticar te sientes aparte. No es soledad corporal ni la ausencia del amigo, es el comienzo de iluminada etapa en la cual no hay noche ni sombra. Nuestra capacidad de observar, sin crítica ni juicio, se ha incrementado. Y en silenciosa percepción, como en el atardecer del bosque, sentimos soledad y vacío interior. Oímos movimiento en los pétalos de flores, la llegada del sol a la planta, la onda de las abejas, voces superiores de la naturaleza! Sentimos a Dios, sin sombras porque la Luz eterna disipa dudas y temores.

Un silencioso dialogo interno florece y conforta. Al amanecer agradecemos el nuevo día, sentimos fuerte amor por la familia sin excluir a los demás; en los amigos sentimos presencia divina y respetamos su accionar; nos alejamos de nuestros juguetes y observamos con serenidad el devenir diario. Un nuevo estilo de vida florece en nosotros.

RENACE

Antes de encarnar nuestro espíritu tuvo la oportunidad de recapitular sus pasadas experiencias, malas y buenas. Para superar las malas, eligió propias situaciones de raza, país, estatus social, núcleo familiar. Las buenas experiencias forjan cualidades y esperan germinar en dormido potencial de cada uno. Así, en debido tiempo, cruzamos el canal materno, respiramos por vez primera, se borran en grado variable compromisos adquiridos y morimos a la vida celestial. Propósitos en el arribo, lágrimas evocan alegría.

Y comienza peregrinaje en el mundo de contrastes: luces, sombras; placer, dolor; triunfo, fracaso. La sociedad exige competitiva lucha agudizando la mente, saboreando el éxito. Algunos forjan riquezas para gozar y dejar en herencia; otros ayudan sin dejar legados económicos; los creativos dejan huellas tecnológicas o artísticas. Ansias de vivir a plenitud generan malos hábitos, violencia exterior y empieza progresivo deterioro. En realidad no morimos, nos matamos lentamente. Contrario al nacer, la partida genera lágrimas.

Y qué pasó con nuestros potenciales de vidas anteriores?. Cuál diálogo hubo con nuestro ser interno? Limitados por externa concha no hubo expansión, apenas susurramos: "Pude haberlo conocido antes, ignoro cuándo gané la amistad de tal persona! Por aquí he pasado antes."

Explica sólo por genética sus aptitudes o deficiencias? La sabiduría popular plasma la previa situación con el adagio de "muerto en vida." Implica separación entre el cuerpo y el alma. Aun es tiempo, el caminar espiritual y genuinos actos genera hermoso germinar, llamado Renace ahora.

Al aceptar su transformación y ayudar el cambio en los demás, ser Sal de la Vida, Salir a la Nueva Tierra, en Sacro Oficio, a nombre de la divinidad, sin saberlo empezó el despegue hacia la vida espiritual. Liviano, libre de la Reacción y del Control, con alas del Desapego vuela a etéricos templos. La Palabra Oportuna, entrada al Silencio Interno le permite escuchar notas sobre naturales. En conjunto, armónico, sin falso brillo del orgullo y en Humilde caminar no evoca lágrimas de alegría ni tristeza; el viejo Rezagado como serpiente, desecha externa opresión y surge el Avanzado. La muerte no atemoriza, al aceptar necesaria, inevitable separación del cuerpo.

Aquellas buenas experiencias de otras vidas, aletargadas en vida corriente; los potenciales, ahora resortes liberados impulsan con inusitada fuerza a lo divino. Todos hemos oído de experiencias próximas al morir visualizando el túnel de luz; algunos reanudan confundidos, la mayoría entiende el mensaje. Por la oportunidad recibida, entregar y apoyar es ahora superior mandato. El renacido en vida, inicia su misión abnegada ahora.

SERVICIO

"Y cuándo Señor, te cuidamos?"
Al hacerlo a otro, conmigo lo hicieron!

La indiferencia, subjetivo aislamiento frente a la pena y dolor ajenos, es lujo afectivo, máscara egoísta, resultado del frío corazón y aislamiento emotivo. Huye de tal situación.

El inservible detecta necesidades de otros, pero indolente continúa su paseo sin darse por aludido. Sé generoso.

La manera simple de ayudar a otros, es no iniciar ni fomentar problemas con los demás. Irradiar paz y sosiego, sin reaccionar ni fomentar agresividad ni violencia. Sólo participamos en la cadena positiva de actos nobles, sin interés, con desapego. El ser armónico enseña la no ofensa, exquisita muestra de servicio.

Cuidar al prójimo empieza por casa con padres, hermanos y familiares; en su ambiente crecimos física y afectivamente guardando cicatrices y hermosos recuerdos. Las primeras provocadas sin intención, por cuestiones culturales, por ignorancia ameritan perdón; los segundos, sólo gratitud.

Afuera del entorno familiar prevalecen múltiples formas del dolor y sufrimiento. Insensibles dicen, *"soy bueno, no hago daño a nadie,"* contrastan la pasividad del ser humano y la fuerza activa del ser abrazado por lo divino. Seres ansiosos necesitados de consuelo; ancianos olvidados en hospicios anhelantes de compasiva visita; presos amargados esperan cariñoso toque.

Tiempo de volver a diferentes roles en la familia, en el trabajo y otras actividades para evitar contradicciones en los actos. Impregne a cada uno de ellos con servicio y apoyo. Serena alineación de los diferentes *"yoes"* es posible ahora, desde nuestra orilla espiritual, sin apegos ni pasiones, podemos ayudar, en gratitud al apoyo recibido.

En tu nueva situación, en el reencuentro con tu ser mucho obtienes y es apropiado ahora guiar a tus allegados y cuidar afectiva y espiritualmente. Tomar la iniciativa y organizar pequeños grupos de lectura dirigida, activa la intuición. Al hacerlo, serás conciente de ser el primer beneficiado.

Pronto seremos reconocidos agentes de consuelo y quizás seamos buscados para resolver conflictos diarios. Ayuda pausada y amorosa estimula a cada ser para encontrar adecuadas respuestas.

Al participar en grupos de solidaridad, en emergencias, problemas crónicos, respeta siempre lo confidencial de la información recibida. Ayuda sin buscar méritos, *"Tu mano izquierda ignore lo hecho por la derecha,"* consolida el camino espiritual y en silencio es el premio a recibir.

PERDON

"Y cuántas veces he de perdonar?
Setenta veces siete!"

Culpabilidad, subjetiva creencia de producir daño a otro, a nosotros; es la espina de lo no realizado y tortura de lo no intentado, del reto rechazado; la atadura al lamento del pasado nos torna tristes, meditabundos, sórdidos. Acerca al abismo con la duda y temor, acostumbra al fracaso.

Resentimiento, acumulación interna del dolor dejado por alguien, inclusive por nosotros mismos, genera dependencia negativa, es cruel marca de la injuria, traición. Aumenta la irritabilidad, pesimismo, ira y cual parásito consume la vitalidad. Un paso más al abismo nos liga al auto desprecio, amargura alejando la recuperación.

Rencor, fuerza activa contra quien produjo cicatrices en nuestro ser, nos convierte en maliciosos, calculadores y turbios. Auto destruye con escapes a la excesiva obesidad, ebriedad, consumo de drogas y delincuencia. Opaca fobia, flagela primero a nosotros y luego a la victima. La caída al abismo profundiza violencia y odio para aniquilar o reducir a nuestros semejantes.

En silencio, reposada(o), sin prisas medite y visualice las etapas de culpabilidad, resentimiento y rencor originados en sus padres, hermanos, hijos, esposo(a), familiares, amigos, compañeros de estudio o trabajo. Enfrente dichas cargas, rompa invisibles cadenas durante la práctica del perdón, supremo auto regalo, *per-dón,* a su corazón dolorido libera sombras y vuela más allá de lo conocible.

"Te perdono y te regalo mi odio." Intuye la necesidad de exonerar, reconoce la necesidad de liberarse pero continúa ligado a la justicia humana al retener el odio como castigo. Ignora ampliar su condena y aislamiento por tal proceder.

"Olvido pero no perdono." Cree eliminar pesada carga afectiva al echar resentimiento o rencor en el cuarto de los recuerdos? Salga del auto engaño, de la dependencia; a la primera oportunidad buscará la foto de la injuria, del abuso y el llanto ha de persistir. El olvido no libera, regresa en sus pesadillas, modifica su hablar, se personifica en amistades, la persigue en sus canciones y favoritos poemas.

"Te perdono y he aprendido la enseñanza!" No hay juicio, reacción ni cadenas al perdonar. Al aprender se independiza y deshecha mijagas de auto castigo y violencia tirados en la playa del mar negro. Sin saber, en misterioso vuelo ha penetrado al ámbito del amor. En silencio, haga un recorrido mental con las personas a perdonar, preparando la siguiente vivencia espiritual.

Ahora es tiempo de actuar perdonando a quienes nos han ofendido o lastimado incluido Usted mismo. Hemos de hacerlo en las dos dimensiones en las cuales nos movemos.

Entre a su templo espiritual realizando los actos preparatorios y viva en forma plena el siguiente escenario: Véase frente a JesuCristo, sienta su luz y energía, haga su propia invocación y saludo. En el centro, con brazos abiertos, El irradia de su corazón cálidos rayos formando amplio círculo, fuera del cual prevalece la oscuridad. Ore en forma universal y agradezca. Por su izquierda, alguien sale de la sombra y sorprendida busca orientación. En armonía, reciba a la primera persona a la cual ha de perdonar. Ambos se acercan al Maestro, se miran mutuamente, Usted lo llama por su nombre y le dice, *Paz, Amor y Perdón.* Ella te llama y repite, *Paz, Amor y Perdón.* Se abrazan y tornan la mirada al Señor, escuchan: *"Lo desatado en la tierra, desatado es en el cielo".* La luz se incrementa y de súbito percatan ausencia de las sombras. Al ganar experiencia con otros invitados, repite la meditación contigo mismo; invita a tu doble y perdónate a ti mismo. Persiste luego con otras personas. Al final, agradezca y despídase con el Amén.

Si es posible, haga contacto personal y exprese su decisión de cancelar los eventos en referencia. De existir mucho dolor, resentimiento quizás sea útil esperar momentos oportunos. Aproveche toda coyuntura para bajar recelos de familiares, amigos, con prioridad a los antipáticos. Simples actos, una llamada, invitación, saludos especiales abren puertas al diálogo. Cambiada su actitud, deje en manos de la Divinidad lo venidero, olvide y en lo posible restaure fallas. No hay mucho por explicar, pues al estar en playas espirituales, tenemos casi ningún control y estamos en los designios divinos.

"Perdónalos, Señor, porque no saben lo que hacen," es súplica especial para toda la humanidad, sin distingos de raza ni religión. Exclamada desde la cruz, con la muerte cercana, es sublime. En análoga forma, perdone en críticas situaciones sin esperar mejorías para iniciar el dinámico silencioso abrazo del, *"Te perdono, nos perdonamos."*

PASTOREA

Servicio y Perdón pulen al ser renacido y ahora canaliza su energía hacia los semejantes. Antes de ascender el Señor preguntó tres veces a Pedro si lo quería y frente a su respuesta positiva, el Maestro parecía no escucharle y le repitió tres veces, "Cuida, apacigua mis ovejas." Es decir, nuestro amor a la divinidad se expresa por el amor al prójimo. Cada acto generoso con los demás, agrada al Dios dadivoso; exclusivo camino nos convierte en sus Pastores.

En efecto, por el sacro oficio de la pasión y resurrección del Señor fuimos aceptados en su Reino, somos sacerdotes al servicio del Padre. Gran responsabilidad ahora de caminar con mínimos tropiezos internos, sin agravios a quien contactamos, sin falsas promesas. Tendremos dudas, a veces frustración y las hemos de colocar a los pies del Maestro esperando iluminación y ayuda.

El trabajo individual, aislado es arduo e improductivo; mandatario incorporarnos a grupos serios al respecto. En todo momento, flexibles con apertura al amable diálogo.

¡Imagina! El Señor te dice: "Cuida mis ovejas."

ORACION

Ya sabemos, la palabra oportuna es el mejor eslabón de armonía y buena relación con los semejantes. La oración es la ofrenda más sublime ofrecida a la divinidad. Algunos autores sustentan el valor de la sola oración por si misma, pero la mayoría establece la necesidad de complementar con obras. Lo mismo se afirma de la vida aislada en los templos; es menester salir al mundo y mostrar allí la vida espiritual. En su recorrido por la India, Ananda encontró un fakir aislado en una cueva, a la cual los habitantes del lugar le llevaban alimentos y bebidas. Ananda le incrimina por convertirse en preocupación de todos para suplir sus necesidades. El fakir comprende y abandona la región.

La oración personal es intima, libre de comparaciones y sin vanidosas posturas. Al esperar reconocimiento por su devoción, *"En realidad ya recibieron su premio!"*

Al orar establecemos contacto con la divinidad sin importar intensidad ni la respuesta obtenida, los cuales no dependen de nosotros. *"Pedid y se os dará."* Gradual petición se moviliza en las categorías ya descritas del Samaritano.

"Lo tuyo es mío." En efecto, inicia con súplicas para recibir ayuda física, bienestar, dones espirituales. Implica merecida receptividad a la bondad divina sin referirse a los demás, pedimos llenar personal vacío. Incluidas quedan peticiones de salud física, vencer vicios personales, recibir inspiración; predomina el singular con las formas del *yo, me, mi.*

107

"Recibo y doy." En creciente actitud, pedimos recibir para compartir sin sentido de ganancia personal; la necesidad de llenarnos es servicio a los demás; predomina el plural.

"Lo mío es tuyo." No pedimos soluciones ni ser instrumentos especiales. Aceptamos la divinidad conocedora de nosotros, de nuestro posible rol y confiamos. Es el *"Heme aquí;" "No se haga mi voluntad sino la tuya,"* universal sin aspiraciones ni ataduras. Observe su estilo de orar, no hay critica ni juicio, son peldaños por escalar en oportuno momento.

Los días tienen su energía especial según eventos Crísticos. El domingo disfrute solo, en familia, reflexione sobre la Creación, Resurrección; lunes, miércoles, jueves reviva episodios de la vida de Jesús; martes y viernes concéntrese en la pasión del Redentor; el sábado es de recogimiento, meditación sobre la muerte y preparación para la alegría dominical. Otros credos tienen especial uso de los días según orientación especifica.

Todos los días, pero en especial el viernes a las tres de la tarde, ore por el máximo acto de misericordia de JesuCristo en la cruz. Cristiana sugerencia es buena información para lectores de otros Credos; en forma reciproca es nuestro interés incorporar variados aportes Orientales a lo largo del presente texto. Facilita mutuo respeto, promueve universal reconciliación a lo divino.

.Ahora, ajustemos el *corazón pensante* al pronunciar Jesús del siguiente modo: *Je* en la inspiración, *Sus* en la pausa; al expirar envíe al corazón. Incluya el Amén al final de la oración: *A,* al inspirar, *men* al expirar. Al perseverar con el *corazón pensante* incorpore Aleluya, Santo, breves exclamaciones. Habituado a la devoción oriental, incluya Mani Padme hum, "Soy la joya del loto, en el permaneceré;" Om Tat Sat, "Yo soy quien soy."

AMOR

**"Como Yo os he amado,
Amaos los unos a los otros"**

*E*s la nueva ley de la era Cristica, dirigida a todos sin diferencia de, raza, cultura, política, religiosa. Lejos de exclusividad para el núcleo familiar, amigos, o la sociedad es impersonal, *"los unos a los otros,"* sin posesión ni discriminación. *"Amo a mi esposo, a nuestros hijos, a mi patria, posesivos sentimientos,"* excluyen a *"los otros."*

Vida gradual inicia la primera fase del amor, recibir más de lo entregado en ávida satisfacción personal, en niños hasta la temprana adolescencia. Luego al comparar la realidad con idealizados padres o el despertar de ilusionada pareja surge amarga diferencia, desilusión, conflicto fricción y separación. En el trasfondo, viejos miedos e inseguridad generan dudas y alejan la original, genuina atracción. Excesivo interés por si mismo, en propias necesidades, énfasis en recibir sugiere el mejor calificativo de instintiva, inconsciente sensación. De verdad, melenudo león rodeado de varias hembras, poco participativo en la crianza de los cachorros, pasivo en la feroz cacería por alimento, retando con tremendo rugido, pálida sombra del simple amor, es sólo comparable con el rudo macho en mísero grupo social de mujeres martirizadas.

Por lento aprendizaje, pasamos a la amistad con aceptación y tolerancia de diferencias con el ser amado, dando más y recibiendo menos. La perfección en la relación deja ahora el apego a una meta, se focaliza en *"los otros y en dar"* con mínimo control, Instintiva relación y simple amor inspirados en lo terrenal son aislados de lo espiritual.

Por esfuerzo realizado y gracia divina accedemos al amor sin condiciones, ampliado a todos en universal actitud Antes existía relación lineal entre el y ella, en respectivos extremos de la unión. Ahora mediante la iluminación cada uno establece relación con lo Supremo y la anterior dualidad se transforma en triada: Es un triángulo cuyo superior vértice simboliza lo divino y los dos extremos inferiores a cada uno de los protagonistas. Progresiva unión acorta distancia y al final, sin lejanía, dejamos la separatividad, alineados somos uno con Dios, amor impregnado de misericordia y bondad.

Desde la cruz, *"He allí a tu madre, he allí a tu hijo,"* Jesús expande simple amor de la familia sanguínea a lo universal!

El sol irradia luz, calor para todos; flores ceden incondicional fragancia; pájaros cantan sin audiencia; el árbol prodiga sombra al caminante, el agua calma la sed. Así, es el cósmico amor, libre sin retorno, sin apegos, sin fronteras.

El verdadero amor, esencia de *vida contemplativa*, imita unión funcional entre respirar y el latir del corazón, la cual se refleja en células y órganos. Donde no llega la sangre no entra el aire, hay bloqueo cercano a la muerte. Sin expresar amor, algo dentro de nosotros sólo titila. Vuelva a la práctica del *corazón pensante,* irradie energía al cuerpo, sienta la fuerza interna del amor en células y órganos.

Aire, sangre y amor, visualice dentro de su nuevo ser: el aire conecta al Prana, la sangre irriga el cuerpo físico; el amor vuelve a conectarnos a lo cósmico.

Incorpóreo trío, aire-sangre-amor proceso imposible de programar; natural en cultivadas aptitudes, brota justo a tiempo en sublime acto, es divino premio al esfuerzo realizado. Sólo la imaginación creativa visualiza tan fabuloso escenario.

LUZ

Antes del principio fue dicho: "Sea la luz en el espacio para separar el día de la noche." Desde entonces el sol ilumina el día y pálida luna con estrellas irradian claridad en la noche.

En la zarza ardiendo, Moisés escucha sonoro, "Yo Soy quien Soy." Alineadas en preciso tiempo, estrellas iluminan la ruta de tres Reyes Magos al portal del mágico nacimiento El Maestro proclama, "Yo soy la Luz". La nueva Jerusalén brilla sin sol ni luna por majestuoso resplandor divino, Después del final, la Luz sigue presente en angelical ciclo.

El incienso, ofrecido por un Mago, libera misterioso aroma al fragmentarse en lámparas encendidas, símbolo de limpieza. El foco playero guía y orienta al capitán del barco en noches turbias, tranquiliza a los marineros. Sin embargo, sutiles luciérnagas engañan con luz titilante a próximas víctimas, imitan falsos profetas y egoístas líderes enredan a incautos seguidores. Fuera de tales desviaciones, la luz siempre evoca poderosa y sublime experiencia. Imitamos a Juan al afirmar, "no somos la Luz, somos dignos de ella".

Verdadero amor enciende llama dormida del corazón, ilumina nuestro interior para recibir gracia divina en unidad con la Luz de todos los ciclos. Recordemos ahora, "una lámpara encendida no es para colocarla debajo de la mesa o de la cama. En su lugar se la coloca bien alto para iluminar al hogar". Así, anclamos la luz en el último peldaño del ascenso para iluminar sagrado retorno; compete ahora ser luz en el ciclo terrestre.

Al guiar con amor a los peregrinos a Belandia, retorno divino resuelve antiguas preguntas, purifica nuestro ser. Somos huellas invisibles para alguien y nuevo ciclo reinicia con gaviotas rezagadas en la playa!

EPILOGO

Juntos abandonamos lo terrenal para llegar al umbral, puerta de entrada de lo inconocible. El renovado viajero ha integrado el polvo con la esencia.

Del transformado ser destacamos el Corazón Pensante, fundamental ajuste para integrar emociones e ideas; liberar cargas del pasado, anhelos del futuro aceptando nuestro deber en el ahora. La siguiente fase es el corazón espiritual.

El sorpresivo peregrinaje ha incluido exilio, liberación, decepción, alegría, enfermedad y salud. El miedo a la muerte y dudas sobre el más allá fueron superadas al descubrir, al aceptar eterno Dios, de quien somos parte. Aprendimos sus diferentes semblanzas pues usa diversos métodos, pinta con fluidos colores, combina rítmicas notas musicales, ilumina con astros y estrellas. Así, ganamos tolerancia a la diversidad y disfrutamos de la variada belleza del nuevo jardín.

Siete Perlas para el Camino estimulan renovados sentidos intuitivos; concentración e Imaginación Creativa, alinean escurridizo raciocinio, esclavo de lo fatuo y pasajero.

Cultivamos diez Semillas en sentido de lo simple hacia lo complejo aceptando la ley ahorro. Al hacerlo, emulamos las diez séfiras de la Cábala en sus cuatro áreas de la Acción, Forma, Creación y Emanación. Profundice el Lector al persistir en su búsqueda.

Solicitamos especial ayuda para arribar a lo real y permanente. Comprendimos lo esencial del partir y avanzar. Ahora, asumimos el reto de integración a la divina fuerza para cuidar y guiar anhelantes peregrinos.

¿A quién debemos ayudar? A todos, sin ventajas ni exclusión imitando la llegada del sol, variable según circunstancias.

Recordemos el Sacro-oficio, nueva versión del sacrificio actuando en y por la divinidad, aleja dudas, fallas y conserva limpio el corazón en bella labor. Nada nuevo bajo el sol, con legado de sembradores para erradicar maleza, suavizar espinas de las rosas. Ahora, en cósmico jardín cultiva etéricas semillas. Dios ilumina y ayuda. Amén.

Dejo la tierra por ti,
Sin recuerdos, parto lejos.

Buscaré Hogar, más allá de la unión
Del Cielo con las olas.

Eres Luz en el camino,
Me voy pero
Volvemos por ti.

Eterna primavera sin noche,
Sol de nuestro camino.

Renovado nuestro corazón,
Con otros caminantes daremos
Testimonio de la Verdad.

Volver a la tierra por Ti.
El día viviremos en tu Nombre,
Dar amor y Servicio como
Jardineros de tus rosas.

Eterna primavera sin noche,
Sol de nuestro camino.

MAS ALLA DEL AMANECER

JAIME RODRIGUEZ

Segunda Edición

2008

Fatigados de *instintiva vida,* crónicos saltos entre opuestos,
Asimilamos místico significado del "Camino a la Vida;"
Nada al azar; cultivamos las Semillas.
Listos para singular vuelo
A etéricos templos.

SIGAMOS AMABLE LECTOR

Aprendimos lo fugaz de la felicidad terrenal, percibimos gran cercanía a lo verdadero y vislumbramos maravilloso portal a la Vida, al recorrer singular camino trazado por la divinidad.

Sabes, la felicidad es pariente de la belleza y la belleza es el rostro de la verdad. Al descubrirla, llega lo bello y hay júbilo en el alma, porque verdad y belleza son atributos de Dios.

En el peregrinaje cultivamos diez semillas espirituales para el florecer de preciado ramillete de Iniciados, quienes deciden retornar, compartir su aprendizaje con variados estilos en diferentes contextos. Disfrutemos su compañía.

El recorrido inicia con necesarias explicaciones a los nuevos aspirantes; rápido avanza con inspiración, intuición para ceder predominio a la concentración e imaginación creativa.

Variada conciencia del mundo, divina percepción y la espiral ascendente incluyen cruciales temas para el florecer espiritual en renovada alianza. Los mismos conceptos son aplicados en terrenal aprendizaje en la Isla Diamantina; observe bien a Urí, Gabi, Dani, Rafa y Mike, todos compartimos mucho de su transitar. Gracias

Jaime, el narrador

EXPANSION DEL AMANECER

El término amanecer en la obra, le invita
Al gran cambio en su vida. Observe
Una lista de terrenales triadas, para
Superar en progresivas
Estaciones de celestial viaje

MAS ALLA de:
Lo personal, grupal, colectivo;
Lo bastardo, artificial, natural;
Instintivo, emotivo, razonable,
Agresión, ambición, violencia;
Pasado, presente, futuro;
Lo demencial, ilusorio, normal;
Lo desconocido, lo conocido, lo secreto;
La duda, opuestos, equilibrio;
Del túnel, ensoñación, sueños;
Nacer, morir, nacer.
Punto central, radio, circunferencia.

Vaya, apreciado Lector, por cada conjunto,
Especule sobre cómo superarlas.
Imagine la siguiente etapa, por ejemplo:
Personal, grupal, colectivo: Impersonal
Bastardo, artificial, natural: Eternidad
Complete el resto en preliminar ejercicio.

NUEVA PERCEPCION

Cree haber logrado notable desarrollo espiritual
Y estar capacitado para guiar a otros?

Ha cumplido la mayoría de metas propuestas
En su juventud; siente nostalgia
No explicable con su pensar y sentir?

Por el contrario, su comodidad actual, éxitos
Relativos le brindan completa satisfacción sin
Preocuparse por la suerte de los demás.
Protege a los suyos, no hace daño a los demás,
Paga diezmos, el resto le tiene sin cuidado?

Atado por cadenas de agresión, odio repite con
Frecuencia actos negativos, violentos para Usted
Mismo, con los demás?

Prepárese a gran iluminación de su ser, precisar
Su rumbo actual y potenciar al máximo escondidas
Aptitudes para un cambio fabuloso.

ANTES DE INICIAR

El mundo profano moldea nuestro ser individual según familia, país de origen, medio social, económico, cultural, religioso al cual pertenecemos. Dichos factores mezclados con rasgos genéticos, tipifican en los primeros siete años, nuevo ser con tendencias especiales, trazadoras de futuras creencias, emociones y hábitos. Diversos autores inclusive aceptan en los tres primero años, estructural período en el cual se amalgama el potencial del adulto. Parejas en dicha fase, presten especial atención.

Los anteriores aportes compactan el legado de la vida mundana, entregado al nuevo ser, quien muchas veces inconsciente las acepta o rechaza en interno proceso. Al conocer la historia familiar cercana se preservan o eliminan tendencias de convertirse en profesional, artista, trabajador raso; líder político, social, sólo mencionados a titulo de ejemplo. Los influyentes factores socio culturales, también son moldeados en el proceso de maduración.

En la activa búsqueda del nuevo ser, se incorpora la herencia de su estancia suprema de la cual proviene y afecta en forma variable los aportes externos. Hay un espíritu en el cuerpo físico buscando su plenitud! Se ha de manifestar por tempranas tendencias artísticas, intuiciones, percepción de elementales (ondinas, gnomos,) afición a la mitología, etc. Aporta, además, compromiso de anteriores vidas, adquirido antes de nacer, olvidado al encarnar con gran impacto en las variadas etapas de la vida corriente.

Veamos ahora la situación desde el punto de vista familiar (3). Por lo general, la joven pareja lucha en búsqueda del éxito financiero, social con prioritaria satisfacción de necesidades básicas o suntuosas. Prima además el sentido de proteger, capacitar a los hijos hasta cierta edad según patrones culturales. En igual forma, varían las relaciones con la influencia de abuelos, familiares cercanos. Se imparte orientación religiosa de acuerdo a credos especiales, se mantienen diversas prácticas sobre todo litúrgicas. El proceso es por excelencia de lo exterior, centrado en la capacidad personal. El éxito obtenido es fruto de la acción individual con escasa relación a la vida eterna. Frente a pérdidas, enfermedades es usual referirse al Dios castigador entonando, *"Por qué a mí, a nosotros?"*

Visualizamos al menor de siete años en pleno desarrollo

Recuerde, (3) sugiere ir a "Entre Nosotros" y expandir significado.
biológico con su facultad átmica opacada por tentadoras ofertas del entorno físico; centrado en el poder personal con mínimo abrazo celestial. La asidua influencia de dicha dicotomía genera dolor, tragedias, vicios; obsesión por el poder, ambición en repetida avalancha personal, grupal, colectiva de guerras, discriminación, traumatismos. Peor aun, inconscientes, asignamos la causa de las desgracias a los demás, sean personas, grupos o naciones. El gran peso de cadenas terrenales impide volar!

Promover pausado predominio del espíritu sobre el cuerpo, de lo inmortal sobre lo temporal, resume la magna labor por continuar. Implica esencial viaje con intuición expandida, imaginación creativa con amor universal. Acompáñenos!

Muy pronto habrá disponibilidad de viajes personales fuera de la tierra a la luna y estaciones cercanas. Si recibiera invitación al respecto, su preparación por supuesto seria todavía muy compleja. Interesa chequeo físico, mental, emotivo; aclarar decisiones en caso de no regresar; mayor conocimiento de la ausencia de la gravedad, de nuevas tecnologías al respecto. Sin lugar a dudas, toda una etapa de simulación para la capacitación más especifica! El ascenso espiritual amerita innovadora, compleja, esmerada atención de sutiles energías latentes, dormidas en cada ser.

Viajeros en volátil globo de ilusiones, dejamos a la rutina amargar cálidas expectativas hogareñas; convertir sitios de estudio, trabajo en agresivas batallas; (26) actividades recreativas en periódicas intoxicaciones de alcohol, placer. Inconscientes, tejemos manto gris sobre el futuro personal y de seres cercanos, atrayendo dolor, tristeza, fracaso. El tiempo fluye en la misma ciudad, muchas veces en un solo sector de la misma. Abatidos, fatigados crece apatía, indiferencia a la innovación. La monotonía de dichos actos se alegra a veces por la llegada de un nuevo hijo, el reto de empleo reciente, la adquisición de un título. En el lado negativo, crisis emotivas, mentales, económicas prueban el temple adquirido; imparable avance de la vejez arrastra enfermedad con el inevitable suspiro final. Doloridos, la muerte es percibida grata, amarga según el recorrido del viajero. En breve, gran desperdicio de la actual ronda en el jardín de las fantasías!

En el diario vivir la televisión, asidua informante de noticias cotidianas, difunde tramas de pasión, dolor, en novelas de mucha aceptación popular. La permanencia frente al computador, otra variable por incluir en el hogar, sugiere inquietante disminución del diálogo intrafamiliar, de la oración conjunta. De todas maneras, persiste notoria actividad religiosa dominical y en fiestas especiales.

Hacia donde dirigimos, centramos nuestros intereses? Somos habitantes principales en el sombrío laberinto antes mencionado? Cuánta dedicación damos al ser interno? En realidad, somos concientes del ser espiritual dentro de nosotros? Por aportes religiosos, sicológicos, místicos, autoestima, la llamada nueva era es creciente la dedicación de personas a cultivar su perspectiva interna. Sin embargo, los mayores atractivos radican en las externas tenencias.

Migrantes en el maravilloso entorno físico, el cuerpo humano es templo transitorio del espíritu con semblanza divina, nuestra real identidad, nuestro esplendor. Muchas veces lo hemos escuchado, intuido pero en conjunto, es lejana, difusa la abstracción al respecto; hace creer al yo inferior, director, dueño absoluto del presente y futuro.

Antes de iniciar nuestro osado viaje, medite los previos elementos en sus variados roles hasta el presente en lo personal, familiar. Aprenda sobre bondadoso retorno de actos generosos al prójimo con la certeza de recibir fabulosa revelación en *Belandia*, El *Pueblo Cenizo*, la *Visión de un Iluminado*, Los *Cuatro Perfiles* evocan esperanzas, dudas; retos, logros a vivenciar. Invierta caluroso, renovador esfuerzo para cruzar ambientes paralelos a la naturaleza.

Preciosos diálogos de Jesús con el alma humana tipificada en varios personajes, alientan a dudosos participantes. Abandone dudas sobre celestiales seres actuando solos o en grupo, siempre listos a nuestra solicitud.

Armonizada(o) por misteriosa devolución de acciones nobles, confeccione más allá de lo natural su Túnica Divina al pausado ritmo de transformación personal

Dios, presente en todas partes y en ninguna, es difícil de asimilar, comprender. Variadas anécdotas, reflexiones sobre la percepción divina aproximan a su luz, generando ajustes a nuestro actuar en dramatización sanadora.

Al final del primer recorrido, en Angelical Danza, tres divinos mensajeros testimonian la integración de la Visión Unitaria al Corazón Espiritual para ascender en espiral y aceptar renovada alianza.

En la Isla Diamantina, cuatro caminantes guiados por auxiliares divinos, inician sin saber, gran recorrido hacia la montaña (5) mágica. Pausadas enseñanzas hacen especial énfasis en el servicio, desapego, amor universal. El cósmico simbolismo se descubre con la Teoenergia, enlaces entre números, pirámide interior. La unión celestial se ejemplifica con la etérica cruz impulsada por el fuego sacro purificado en el templo del corazón. En el proceso los acompaña, el Arcángel Mahael, esencial emisario de la suprema belleza.

Sin epilogo ni adiós, el Lector es invitado a sublime misión individual, colectiva mediante el mutuo apoyo de Centros de Reencuentro Espiritual. Los vibrantes mensajes del Arbol Místico, el predominio del Yo interior, el fantasma del poder reafirman nuestro rol de migrantes en el mundo terrenal y nos recuerdan el mundo celestial al cual pertenecemos en realidad Consolide su resolución y capacidad de disolver dudas, con, *Entre Nosotros,* al final del libro, con 29 temas especiales y su .respectiva página. Buen viaje. Felicidades.

PEREGRINOS EN BELANDIA

*M*uchos hemos venido de remotos sitios; todos hicimos trasbordo mar adentro perdiendo la ubicación final. Llegamos a un pueblo amable, de varias culturas, idiomas, buenas comodidades, excepto telefonía, televisión, Internet. Este año, somos cuarenta personas, agrupadas en cuatro categorías según predominio de *acciones, ilusiones, ideas, sentimientos.* Cada uno sabe a cual grupo pertenece; nos reconocemos sin identificar a los Iniciados provenientes de la montaña mágica, quienes adquirida su maestría, regresan al sitio original de permanencia. En otras palabras, ellos nos identifican como actuales peregrinos, sin nosotros obtener información de quienes finalizaron su ronda de aprendizaje. Así aceptamos al ser seleccionados e inclusive hay la opción de permanecer más tiempo en el pueblo o solicitar un retorno anticipado. En tal caso, un reemplazo en el mismo grupo ha de llegar. De resto, disfrutamos plena libertad para usar los siete días de espera.

El cuarto grupo se caracteriza por el predominio de agobiante rutina en las cosas; sobrevivir sin pensar sobre causas, efectos de sus acciones; prima el interés inmediato; son cumplidores de sus *acciones*, cuidan de su familia sin preocuparse del entorno social. Conservan tradiciones, aceptan nuevos aportes tecnológicos por necesidad, sin mayor entusiasmo al respecto; su actividad social, centrada en el buen comer, buen licor, danzas es rutinaria al celebrar eventos especiales de cumpleaños y festividades. Además de trabajadores básicos, incluye técnicos, profesionales. Su ordenada práctica religiosa con mucha liturgia, acepta un lejano Dios castigador, redentor.

El grupo de los "soñadores," viven más en el plano ilusorio de la magia, lo inesperado; románticos, confían poco en planear sus vidas; sensibles a las acciones de los demás, saben proteger a los suyos; desarrollan buen tacto social, cultivan lealtad. Su gran intuición les evita conflictos para ser buenos consejeros

La explicación de los fenómenos, el método racional, la permanente búsqueda de resultados definen el grupo de los pensadores. Ordenados, calculadores, organizadores fríos, son responsables de medianas, grandes empresas. El refrán, *"Pienso, luego existo,"* los define.

El énfasis en relaciones, procesos, la simpatía por los demás, relevancia por afecto, amor delimitan el grupo sentimental. Prima en ellos la devoción en lugar de la explicación racional; poco agresivos son diplomáticos en diversas contiendas.

En reunión plenaria, cada grupo comenta su forma de ser y sobre expectativas del peregrinaje. En el mismo orden anterior, fueron presentadas las conclusiones:

"Habituados a la natura, los procesos son simples del nacer al morir. Todo es ordenado, con secuencia natural, incluido lo bueno, lo malo. Con mínima capacidad de renovar, nos hemos unido al grupo de la luna, buscando fuerza para avanzar. Nos parecemos a ciertos aventureros sangrientos

en pro de codiciado Dorado. Agradecemos la salida de la oscuridad, sin expectativas, aquí estamos."

"Es demasiada luz para nosotros por estar habituados a la noche con la sola presencia de la luna. Sentimos la práctica muy pesada, tosca; nos comunicamos mejor con poesía, canciones, fábulas. Al parecer hemos de aprender a soñar despiertos durante el día! Apegados al hechizo, magia de las relaciones, ha de costarnos buen esfuerzo el cambiar. Estamos ilusionado(a) s!"

"El orden mental, raciocinio, lógica son la base del éxito, lo demás es pura especulación. Alguien dijo, "Dáme una palanca y moveré el mundo;" nosotros proclamamos, "Sistemas y métodos permiten alcanzar metas."

"Sentimos bienestar libre, espontáneo sin ataduras ni convenios. Aprendemos por encanto, lejos de esquemas, sin el yugo de resultados por obtener. Anhelamos formas superiores de la sensibilidad. Sorpréndanos!"

La invitación personal no transferible, es sublime respuesta a solicitudes hechas en crisis, oraciones con algo de fe; un regalo entregado por salir del paso. Al aceptarla, debemos ir solos y hay poco o nada por preparar. Nos esperan tal como somos sin posibilidad de camuflaje. Disfrute la convivencia; en cual grupo se siente cómodo(a)? Anote en su diario.

Belandia es ciudad blanca con reflejos dorados sin luna ni noche. La vida se manifiesta plena en cada momento: Sus habitantes visten túnicas blancas, rosadas, violetas, azules, En realidad, los cuatro colores se alternan en ellos, según labores especiales adoptan uno de los tres colores restantes. Así, en un periodo todas las túnicas son violetas, de pronto surgen otros tonos en direcciones especiales, en permanente fluir de colores. Silueta artística con gráciles movimientos en actitud de bienvenida; sólo inspiran ternura, amor. El Rey deambula sin corona ni séquito, es imposible reconocerle y en consecuencia, cada habitante es tratado como suprema alteza.

Dominan pilares redondos, techos triangulares cristalinos, en cuyo interior fluye sutil movimiento de fotones formando serpentina imagen; es notoria la ausencia de círculos, cuadrados. La temperatura es regulada por corrientes de burbujas acuosas con arco iris en su interior, las cuales explotan al contacto de las túnicas. El vaporoso ambiente permite ver la silueta de un árbol central con raíces arriba, ramas hacia abajo suavemente esparcido en toda la ciudad; con flores siempre fragantes, frutos maduros sin caer al suelo. Por esta época, cerradas las entradas superiores, hemos de salir por vías laterales e inferiores.

Sistemas, sorpresas, ilusiones, apatía son las tendencias particulares de los grupos visitantes. Su peculiar vestimenta, energía y color contrasta luminosos seres de la ciudad. Así, los grupos reunidos en un gran salón *vivieron* la *unificación*. En mágico ritual sintieron tierno vacío interior libre de soledad; percibían conocimiento sin interés ni respuestas conocidas; fluía armonía interior más allá de la piel sin separación de lo externo. La nueva fuerza, libre molino sin aspas, represa sin muro, vibraba en alineado ser. Muy pronto sus movimientos eran sutiles, sonrientes, con nuevas túnicas de claros y variados tonos; renovados disfrutaban de súbito a plenitud. Las paredes del salón desaparecieron, también la sensación de separación en grupos. En la ciudad dorada, estaban *integrados, serenos, iluminados, animados*.

Trayectos circulares sirven para cambiar de vecindario; similar al ascenso en espiral, basta con saltar por el segmento superior. Museos etéricos testimonian el paso de famosos visitantes: *"Al visualizar el movimiento de los minerales surgió la imagen del submarino atómico; el dolor y tristeza de mi alma estaban al frente, Los Miserables desfilaron como mensaje para trasmitir; la ternura de tanta sonrisa por doquier plasmaron el misterio de la Gioconda; para disfrutar la riqueza guardé el tesoro de Montecristo en una isla; tanta belleza junta me inspiró un mensaje a los Pies del Maestro."*

La sensación de hambre nos sacudía; de súbito, se activa molino místico para generar el pan de vida y calmar el apetito (23). La escena era única, reposada sin filas de espera. El estallido de las burbujas mantenía fresco el ambiente. El invisible lazo armonizador de la solidaridad, opacaba la separatividad fomentada por apellidos propios, grandes gremios, inclusive pertenecer a un país en especial.

Estrella luminosa trazaría el camino del retorno, diferente al de llegada. *"En cada estación, observen, asimilen, integren. Adecuado reforzar el aprendizaje con relajación, meditación; entren a los sueños; sobre todo, han de impulsar la palabra positiva, el buen actuar. Para invocar apoyo y estimular avance recurran a su propia adecuación en Belandia, esfera de la Belleza. Pronto, emisarios de luz han de acompañarles en el esfuerzo de limar espinas, caminar sobre aguas, abrazar el aire; en calurosa energía adornar su semblanza interior, exterior. Al disfrutar de dicha compañía, sublimen ideas, sentimientos, actos hablen siempre en plural. El cambio inducido en Belandia, grabado en planos interiores, es aptitud para activarla por la comprensión y práctica de la visión reflexiva (14), la cual incluye cuatro etapas: reconocer pensamientos, emociones, actos negativos, lesivos; su transformación positiva, sin causar daño; consagrarlos en oferta a la divinidad; aceptación de la compañía celestial. Sin pasado ni futuro sentimos la unión de nuestro faro espiritual con vuestro pasajero destino."*

En ceremonia final, un monje oriental nos habla sobre pirámides, cruz etérica sin entender bien su mensaje. Vacilantes en oscuro calvario surgían anhelos internos por aplicar sabios mensajes sobre el sendero correcto a seguir. El gran impacto de Belandia disipó dudas sobre el Más Allá y serenos optamos por sendas según personal inclinación.

EN EL PUEBLO CENIZO

Invitado a una sesión de terapia escucho testimonios de los participantes: *"Entré al bar buscando a los amigotes de pasadas borracheras y ellos no podían verme. Levanté el vaso para beber cerveza pero el líquido se resbalaba entre mis dedos. Hablé al cantinero pidiendo explicación sin lograr comunicación alguna. La sed por el licor crecía, me acerqué a un hombre embriagado, de súbito, viajo por dentro de su cuerpo. Es caminar por un laberinto sin control de la velocidad, chocando con grotescas formas del bajo mundo."*

El hombre se quiere ir sin pagar la cuenta; de súbito en gran trifulca, veo penetrar un cuchillo en su interior casi lacerando mi cuerpo, logro salir de tan incómodo sitio. Ahora la gente socorre al herido; agonizando me señala, pierde el sentido. En el cuarto del hospital continúa viéndome; el médico diagnostica "delirio por embriaguez." Trato de explicar la situación, nadie escucha. Me percato de flotar sin usar los cinco sentidos.

Escucho gritos de una mujer golpeada por otro embriagado, entro a separarlos pero es inútil, no puedo sentir sus cuerpos; sufro, siento rabia al ser incapaz de protegerla. El sueño vence al pobre hombre.

Sin lugar a dudas los enfermos de este sitio tienen picante chispa; casi creo se trata de almas purgando sus culpas!

Alguien preguntó cuánto tiempo llevaba en ese proceso; afirmó, 40 años, el doble del tiempo de borracheras en la tierra. Levanté la mano en actitud de preguntar pero alguien finalizó la reunión.

A la sesión siguiente llegué temprano con la idea de indagar al coordinador sobre mis dudas. Los detalles del escenario daban la idea de preparar el teatro para alguna comedia. En sentido irónico me dije, *"será la tragedia humana"!* (27) Nuestro salón era central con dos corredores laterales: El izquierdo, procedente de abajo, conecta con aposentos y calles de un pueblo desierto, fantasmal; el derecho emerge de una luz superior, radiante con seres luminosos yendo hacia abajo, siempre con la mirada fija hacia adelante Los pobladores sólo usan ropaje blanco cenizo, por su caminar parecen tener deformaciones. El coordinador ha llegado.

Sin perder tiempo, ignorante de los procedimientos, levanté la mano para.... No hubo tiempo! El, ella, no podía reconocer su sexo, respondía: *"Aprovecha tu exclusiva oportunidad, sólo habla por dentro, respondemos si es conveniente. Ten cuidado de inquirir demasiado, acá es diferente de donde vienes. Allá puedes preguntar sin prestar atención a la información recibida, inclusive desecharla sin usarla. Asimila, no agotes tu chequera de inquietudes. Sólo puedes dialogar conmigo. Ahorra energía, la necesitas!"*

De súbito, el salón estaba lleno, en lejano eco llegaba el relato de alguien: *"Necesito usar mis manos, he de proteger seres queridos. No podía creer ni menos aceptar la escena de mi mejor amigo abusando de mi tierna hija."* Peor a un relámpago, el salón se llenó de horribles voces: *"Recuerda, tú lo hiciste, regresa, observa de nuevo."* Impelido por fuerzas sutiles fue lanzado al pueblo a rumiar su dolor sin tregua alguna. No quiero recordar mis pasados actos; como la luz elimina la sombra, escuché: *"No es tu tiempo todavía."*

"Quiero compartir con ustedes algo escondido debajo de mi manto gris," decía el siguiente personaje. *"Abran las manos, guarden, guarden."* Salían monedas, monedas pero al llegar a sus vecinos se convertían en lacerantes espinas tornando a su emisor, quien salía del recinto en terribles lamentos. Recuerda el dolor creado por ambición y abuso a los demás.

Solicité descansar al ver dolor, impotencia en los *penitentes*. *"Tú invocabas auto aprendizaje al orar, pedir perdón. Sin cuerpo físico purgan sus penas, deben consumir la pasión de sus deseos, revivir dolor causado, extinguir lágrimas secas sin agarrar la mano extendida hacia ellos por no visualizarla todavía. Aprovecha la oportunidad."*

De nuevo en el salón central, el supervisor era esperado por todos Al observar las ánimas en pena de izquierda a derecha, pude percatar un gradiente del color cenizo de sus mantos a un blanco casi nítido. Ahora el trayecto luminoso era en doble sentido, la grada hacia arriba estaba vacía, próxima a los más luminosos. De pronto, ellos saltaron, se perdieron de vista. Sus asientos permanecían vacíos. *"Terminaron su segundo ciclo, han de avanzar. No, no puedes ir con ellos,"* fue respuesta a la pregunta no formulada. Al fin, sentí olvidado suspiro del alivio.

"No hay el tiempo percibido por el reloj, sabemos del proceso renovador al observar la intensidad del blanco en los mantos, por la cantidad de sillas vacías." Esperamos cierta abundancia de testimonios, para abrir el salón. Vamos al pueblo para orientar el retorno, dar pausa al doloroso aprendizaje. Confesar sus omisiones es apreciado reposo, muchos esperan entrar buscando aliviar su carga. Recuerda el significado de confesar cuando regreses."* Estaba apto para grabar dentro de mí, sin más dudas o preguntas. Así lo hago, me dije; de nuevo el eco en mi cabeza: *"Aprendes, sin*

pasado ni futuro; sin condiciones ni promesas; con actos, en el ahora. Muy bien.

No hay calles, sólo pasillos de una vía, somos movilizados en lentas rampas. Sitios a experimentar aparecen de improviso y se llega directo al salón requerido. No hay filas ni gente en las afueras; sólo el sitio de su vivencia. Entramos a un cinema circular con *penitente* en el centro, sentado en silla giratoria. Comienza la película de su vida desde su muerte hacia atrás hasta el primer acto en el cual produjo daño, dolor. Desfilan todas las escenas en la pantalla de frente, viendo a sus víctimas. En las pantallas laterales, recibe el mismo dolor generado a los demás; en la imagen posterior es perseguido por los injuriados. Su angustia es imposible de narrar, al inclinar tres veces su cabeza gana un descanso. Pero ha de reiniciar, avanzar largo trecho de su vida, antes de ir al salón de testimonios.

Prometí a mi regreso, visitar, pedir perdón a todos los seres agredidos por mis errores; saldar deudas pendientes; reparar cicatrices dejadas en mi camino. Y creo, no entraré a ver películas de ninguna clase!

Sentía la inmensa soledad interna de un desierto; impotente venadillo en las garras del tigre; sediento en frágil barquillo en mar adentro. De nuevo resonaba el eco en mi cabeza, *"Sigues, quieres despertar?"* "Adelante," repetía con fuerza.

Solitario escultor labrando su obra se admiraba de no ver lo realizado antes. Repite su labor artística con frenesí, sin poder finalizarla. *"Indeciso, abandonaba todo proyecto, ahora aprende a persistir."*

Alguien lleva un anciano a pasear, de súbito se le pierde. Al encontrarlo le da comida, lo limpia, lo abriga. La escena se repite una y otra vez. *"Abandonó a su padre; por repetición ha de aprender."*

Con vehemencia habla a un grupo, les comparte mijagas de sus altos ingresos. De improviso, se abalanzan sobre él, lo atan a un madero vertical. Solitario, ve con horror la llegada de ave negra para desangrar su corazón. *"Cuando líder engañó a sus seguidores; aprende el respeto a los demás."*

Cuenta los granos de arena acumulada en gran mesa. Al equivocarse reinicia el proceso. Frenético, trata de asegurar bordes de madera en la ventana sin marcos. *"Escéptico de la eternidad debe asimilar lo incontable, lo ilimitable (11)"*

Vamos, nos esperan, ahora debemos sentarnos al lado derecho de... No hubo más palabras. El salón se llenaba, allí estábamos cerca de la ascendente grada. También había nuevo coordinador. *"Si, si, nos toca el turno ahora!"* resonaba en mi cabeza.

El hermoso colorido ha regresado a las pupilas, es resucitar a la vida. Vamos por avenida llena de arcos de colores con predominio del azul violeta. Hube de exteriorizar la promesa de mayor contacto con la naturaleza a mi regreso, de respirar aire puro, cuidar plantas, abrazar árboles. Aun recordaba el blanco cenizo como la mayor pesadilla de mi vida. Vaticinando el retorno, crecía interna decisión de enmendar errores, gozar inmerecida, salvadora oportunidad.

Puedo preguntar acerca de tu vida? *"Fui un ser muy corriente hasta los cuarenta años cuando pude dedicarme en silencio al servicio, solidaridad con los necesitados. Logré escapar del alcoholismo y erotismo orientado por un maestro especial. Al separarme del cuerpo físico, llegué rápido al pueblo cenizo; ahora doy gracias por haber sido guía sin vivir semejantes penas. También sufrí mucho, no podía expresarlo, bueno, vamos juntos en este nuevo ciclo.*

Invitados a observar la adaptación de un *redimido*, en ausencia de mejor nombre, nos sentamos detrás de él y compartimos una pantalla grande. Inclinando la cabeza, en cordial saludo, así habló:

El *aprendizaje por el dolor se ha grabado en el corazón.*

"He visualizado mi anterior vida, he llorado de alegría al recordar las buenas obras realizadas; he sentido la gratitud de sus gracias, de su recuperación. La sonrisa de ellos me ha contagiado; su nueva fuerza impulsa ahora, facilita mi reparación. He visto gratitud por algunas obras grandes pero ignoraba, la mayor cosecha había de provenir de obras simples, cotidianas (4)" Su rostro era tranquilo, apacible, contagioso. Por largo rato, observamos en la pantalla tiernas escenas de gratitud al reconocer beneficios obtenidos por quienes fueron auxiliados. En realidad, el agradecimiento no era importante en si mismo; el beneficio entregado se convertía en la energía positiva, gestora de la nueva actitud. Valiosa diferencia, pensé.

En el recinto circulaban rayos violeta, reflejados en columnas rosadas; de nuevo la ilustración animada en la pantalla. Por la ventana, vi amarilloso desvío hacia especial montaña. La gratitud provenía del cambio inducido por el consuelo recibido; la comparación no era aceptada, la diferencia era la especial tendencia, estilo del colaborador. Los ejemplos hacían siempre énfasis en la generosidad con sentido de inducir cambio en el necesitado. No era alivio tirado por el deber; era compañía en el aprendizaje (9); cierto, pensé, *"colaborar por cumplir es de menor valor e impacto a favorecer con enseñanza."*

En atardecer anaranjado sin sol, artistas callejeros dibujan sin pincel; el solo pase de sus manos dejan hermosos coloridos; directo de su imaginación al lienzo, sin proceso mental. *"Voluntad y pensamiento unidos, poderosa llave por obtener,"* pensé.

Vacío el formato del libro, con sólo mirar la página, de inmediato imprimía su mensaje. Su tierna mirada invitó a leer: *"Grandiosa visita; observa, graba en tu alma; al regreso mucho se ha de olvidar, pero la voz de tu conciencia ha de recordarte las actuales lecciones."*

Solos en la cima de rojiza montaña, sentimos un adiós prematuro, ineludible. Sin dolor ni tristeza éramos amigos, hermanos. *"No puedo darte más información, nos reunimos por afinidad. Entre los dos compartimos pasado terrenal, bien sea estuvimos juntos o fueron pruebas similares. El presente es lo vivido juntos. Mi futuro es ascender, completar otro ciclo; el tuyo es un despertar, completar el ciclo mundano. Al no disponer de la mente, todo ha sido grabado en tu resplandor. Debes seguirlo."* En lenta separación caía sin dolor dentro de un túnel; no había nostalgia, todas las escenas se repetían hacia atrás, hasta consumir la luz. Con gran sueño, dormí.

Juan había estado en coma por tres semanas después de accidente al conducir embriagado. Mientras se recuperaba, emitía por las noches confusas palabras articuladas en los mensajes anteriores por sus cuidadores; incluido el autor de la presente obra.

Un daño en la cadera le obliga a usar bastón al caminar. Es visitante asiduo de la biblioteca con preferidas lecturas sobre más allá de la muerte en la vida espiritual. Abstemio,

Nueva oportunidad!

se deprime con facilidad, tiene fobias a las alturas, al ropaje cenizo. No tolera el cuarto donde hacemos la terapia, en su lugar prefiere caminar alrededor de un lago.

Sus recuerdos del tiempo en letargo son nulos. Hemos leído juntos la previa narración, con especial interés y dudas acepta su aplicación en la terapia.

VISION DE UN ILUMINADO

Dejaba atrás deseos, creencias con el firme propósito de fomentar salud espiritual. Los siete últimos años fueron dedicados al servicio en ofrenda al Señor, a la oración. La siguiente meditación individual ha sido la más inspiradora:

135

Sentía brisa cálida en el cuerpo, sin percibir el lugar donde estaba sentado; el aire agrupado a mí alrededor crecía en espiral ascendente. En armónico tornado sin violencia interior, la visión de la conocida tierra, con ríos semejando hilillos luminosos daba sensación de un ascenso hacia más allá de lo desconocido. Pude elevar vuelo con sensación de entrar a un túnel cuyas paredes internas se adherían a mi piel hasta separarla de mi cuerpo, dejando nuevo ser radiante de luz. Si, era salir del recipiente materno, pronunciar no un llanto sino la sonrisa del renacer. También era conciente de salir de la madre tierra hacia ignoto sitio.

Los recuerdos de la vida anterior pasan despacio en circular cine. Es curioso, tengo visión dual, es decir, por el lado izquierdo pasan mis errores, faltas, abstenciones; mientras por el derecho, fluyen actos buenos de consecuencias positivas. Al frente, las dos corrientes se unen, forman una túnica de mayor tono blanco o negro según calidad de las acciones. La túnica cubre, se adhiere a la capa de energía vital sobre mi cuerpo físico, la cual es ahora más reluciente. Recuerdo manifestaciones humanas en plazas centrales clamando por soluciones, personas en exilio, niños en la calle, el dolor de enfermos solitarios. Ahora hay silencio, nos agrupamos en variados tonos de túnicas intuyendo, dentro de cada una, sólo hay el molde energético de nuestro desaparecido cuerpo físico. En el centro, la puerta dorada del etérico templo se abre, los más próximos entran al túnel luminoso. Ahora, espero mi turno al próximo grupo de caminantes por la Luz.

De nuevo, la luz se adhiere con ternura a nuestra túnica, lo oscuro se desprende, lo blanco se refuerza y de la envoltura energética anterior se desprende ser radiante de color violeta-rojizo. Recuerdo serpientes eliminando antigua piel, el cambio de renacuajo en rana, de ninfa en mariposa; soy consciente de segunda oportunidad, lloro sin lágrimas al percibir lo grandioso de mi ser interior! De alguna manera recuerdo a Belandia, me siento guía de los peregrinos. Difícil expresar la plenitud, paz, armonía individual y colectiva! Percibimos tareas a realizar por medio de ondas especiales. Es igual a recibir llamadas por celular sin necesidad del aparato. Ahora nos informan sobre el plan de los peregrinos, labor de quienes hemos sentido el renacer.

De alguna manera surge la inquietud sobre la razón del viaje y el regreso. *"Desde la niñez, invocas nuestra presencia y sostén. En múltiples caídas en el fango de pasiones, soberbia del saber, has albergado en tu corazón mínimas dosis de arrepentimiento, silenciosa unión a lo celestial. Largas cadenas de promesas incumplidas forjaron alas para elevar vuelo. Frecuente llanto sin causa al estar embriagado limpiaba tu visión para alejarte del abismo. La necesidad de proteger a los tuyos superó ambición del poder y riqueza. Gestos de solidaridad para desconocidos abrieron celdas oscuras de tu egoísmo. Así, por el constante anhelo a lo divino has ganado viaje a la esencia misma de tu ser y con renovada visión abrazar lo verdadero. Siempre contigo, somos ángeles guardianes, comandos de la divinidad."*

"Regresas para testimoniar sobre la permanente Luz y disminuir tinieblas del complejo laberinto del físico mundo."

CUATRO PERFILES

Rompa viejas cadenas del pasado, libere ilusiones del futuro. Transforme pesimismo, rencor en visión positiva, grata. Escápese de rutinarios legados biológicos, familiares, sociales, culturales. Inicie nuevas rutas más allá de lo conocido. Ha meditado suficiente sobre los tres episodios previos? No lo ha hecho? Regrese, cumpla con el recorrido solicitado, inicie su propia adaptación al renovado ser por alcanzar. La lectura pasiva es sólo inicial grada al despertar.

Asimile los siguientes testimonios, relatos iniciales de personas en nuestros seminarios, al recibir Consejeria personal, las cuales aceptaron ser mencionados en el presente capítulo. Tipifican fases de la vida terrenal, afinan la capacidad de observar, son útiles para intensificar la decisión de partir en búsqueda de armónicos niveles de idealización en la vida actual.

Luis dice: *"No quiero complicaciones en mi vida. No entiendo su manera de hablar, creo, todo es más sencillo: Tengo la familia, me divierto en reuniones con amigos. Mi trabajo me ha dado lo adquirido, no le debo nada a nadie. He venido por tener un problema con el hijo mayor, me rechaza, no quiere estudiar, me amenaza con irse pronto. Tengo una crisis en la casa (8)"*

Economista brillante, exitoso busca fundamento para orientar a sus dos hijas con vida social muy activa, fumadoras, casi adictas al licor, renuentes a continuar sus estudios. Una de ellas sufre depresión con algunas ideas suicidas. En su angustia, reconoce haber dado demasiada importancia a su profesión, trabajo, aportar sólo dinero y bienestar físico en su hogar.

Experta en Sistemas se considera perfeccionista en su vida, especialmente en la orientación para su hija de quince años. Sin frustraciones, en su opinión, cree en el poder personal y la decisión para moldear el porvenir. Quiere a su hija en rumbo diferente al de ella, triunfante, libre de errores similares. Al final, precisa inquietudes indagando sobre nuestro real dominio del futuro.

"Hace años fui militar de caballería, me sentía muy mal investido de autoridad usando la fuerza en contra de seres humanos, en nombre de dudosa ley. Casi por buena suerte, azar fui exitoso en las tareas asignadas y logré un alto

cargo. La ambivalencia era muy grande sin clara idea del rumbo a seguir. Un día, blanca paloma se estrelló contra mi bota izquierda, creo, se rompió una pierna pero pudo levantar vuelo. La seguí para curarla, se detuvo en un mirador. Pronto, se asomó bella dama deteniendo su mirada en mi persona. La paloma se aparecía con frecuencia, siempre iba al mismo balcón. Platicamos, hicimos amistad, llegó el amor. Para unirnos, pedía mi retiro militar; con gran incertidumbre no sabía la opción a seguir. Un día, en grupal descanso, se disparó un fusil, me hirió la pierna izquierda. Relativa incapacidad aceleró licencia permanente; nos unimos y hasta hoy somos pareja armoniosa. Al salir de la capilla, vimos por última vez a la paloma recuperada de su pierna; intuí la sanacion de mi herida. Desde entonces, el recorrido ha sido completa búsqueda, dedicada al servicio. Hemos venido al grupo para colaborar en lo posible."

Son cuatro testimonios para observar, comentar. Compare con los peregrinos a Belandia, observe si encajan en los grupos descritos. Al final, precise su ubicación en el proceso global, escriba su propio testimonio. Imagine de la mejor manera posible, el molino místico en Belandia para generar el pan de vida. Haga circular los cuatro procesos descritos y su testimonio dentro de las aspas del molino, creando fuerte hélice impulsando su imaginación hasta encontrar el grado de combinación dentro de Usted.

La percepción actual sobre mí ser es la siguiente:

....
....
....
....
....
....
....
....

EXPERIENCIAS ALTERNAS

La narrativa en Belandia resume sueños de David durante los últimos tres años de su vida aspirando al orbe divino. La remembranza astral de Juan es sólo de tres semanas. Tal vez, el Lector coincida en sentir muy breve, fugaz la primera, mientras la segunda es casi eterna! La Visión del Iluminado recopila varias meditaciones en un proceso de abajo hacia arriba, de lo intuitivo hacia lo divino; los Cuatro Perfiles se generan por observación, práctica, reflexión. Los dos primeros, grabados en el éter lumínico y reflector, destellos superiores, responden oraciones; premian acciones nobles. El *árbol invertido*, descrito en el Cristianismo, Budismo, Islamismo, simboliza la divina revelación e iluminación, cotidiana respuesta a nuestro clamor. La meditación y métodos similares traspasan la lógica, abren canales de cielos inferiores hacia nosotros; contrario a lo creído, es proceso de arriba hacia abajo. La reflexión, imaginación, intuición de abajo hacia arriba, ámbito de segmentos superiores de lo cognitivo-afectivo nos libra de espejismos; el árbol corriente de fuertes raíces, tallo y hojas captando la energía solar, es su mejor insignia. El ascenso espiritual es un proceso doble de pedir y recibir; ascender y descender; pasivo y activo Al final, nos convertimos en silenciosos seres, sin alarde de logros, conscientes de nueva misión.

Sobre la oferta divina hay poco por añadir. Aceptada en la gran mayoría de religiones, grupos espirituales se describe en mitos, leyendas, fábulas, libros sagrados; su aceptación no es mandatoria, vendible por cuotas ni se compra por limosna; debemos ser receptivos, vaciar en gran parte nuestra bodega de conocimientos y afectos para recibirla. Aceptamos tales designios por fe en la Gracia Divina sin análisis de filosofía, teología, teosofía o diferentes ramas del saber humano, las cuales son cruciales y necesarias en el aprendizaje de abajo hacia arriba antes comentado.

Otra manera de asimilar la oferta divina es navegar, aceptar la *revelación,* fuerza purificadora de penumbras terrenales (21). La misma es soplo celestial aceptado en los diferentes credos, religiones. La Biblia, el Bagadav-Gita, el Coram ilustran formas de terminar bloqueo celestial y delatar mentira disfrazada de verdad. Incorporar dicha iluminación en nuestro pensar, sentir, actuar, nos convierte en nuevos seres del milenio en curso. Equivale a sembrar las semillas en fertilizada tierra para florecer en la eterna primavera, esencial propósito de la obra a su consideración.

Sugerimos revisar, reflexionar, adaptar de la mejor manera posible su saber y práctica de relajación, concentración, oración, meditación, contemplación. Adecuada aplicación combinada con actos nobles nos ubica en la antesala para el acceso a la revelación. Hacemos énfasis en la necesidad de equilibrar el conocimiento (erudición) con lo sensorial (emotivo) en la solidaridad (actos nobles) con nosotros mismos, la familia, grupos sociales cercanos, humanidad en general. El predominio mental, emotivo; la confusión y caos de la ambición, indolencia, injusticia, crueldad, alcoholismo, excesos pasionales, discriminación forman barreras, nos alejan del umbral de la revelación. Por al contrario, dicha combinación nos lleva en vida al Pueblo Cenizo.

La tercera aproximación a lo celestial es por el aprendizaje informal en la vida diaria mediante el ensayo-error y el aprendizaje académico. Para constituirse en eslabones de la ruta ascendente, dichos aprendizajes requieren esencial ofrenda a lo divino sin interesar la intensidad de la misma. La actividad egoísta, indolente de un profesional lo asimila a tosco, pasional iletrado. De nuevo, erudición aislada de la piedad sin acciones nobles en lugar de acercarnos al umbral divino, nos obligan a percibir, sufrir negativas energías.

El aprendizaje en la *escuela de la vida* es personal, lento, filtrado por la tradición. Fueron los visionarios de lustros pasados con métodos simples de gran observación, astucia, muy cercanos a la intuición. No había sombra de la fabulosa tecnología actual, sin embargo, sus brillantes adaptaciones iluminaron muchos de los actuales desarrollos.

El enfoque *clásico, académico,* grupal, programado, nos prepara paso a paso, por gotas hasta adquirir el anhelado titulo. El fundamento básico es intelectual con toques del área emotiva. Sabemos de antemano el perfil ha realizar, es por esencia un proceso de adquirir conocimiento, destrezas de lo exterior hacia adentro. La práctica ha de suavizar rol al desempeño en búsqueda de lo integral. Con frecuencia, débiles en el ámbito social, aplican un sentido parcial de la justicia; al final de su carrera sienten letal vacío interno, *"fatiga profesional,"* motivando cambios tardíos. Al integrar sus vidas se tornan en buenos maestros.

El avance *espiritual* supera lo desconocido, lo conocido y lo secreto. Percibido más allá de procesos mentales en el ámbito impersonal, es ajeno al temor del fracaso, libre de ataduras al variable triunfo. Las respuestas esperadas advienen en cálido manto, emergen sublimes sentimientos; el accionar es paciente, armónico al ganar facultades. Su real esencia, acuerdos hechos antes de nacer, se hayan velados en sueños, retos, oportunidades diarias. El velo puede ser destapado al practicar leyes celestiales en un proceso de adentro hacia fuera. Requiere de un Desapego mínimo de lo terrenal para abrazar e integrar ilusiones, ideas, emociones. Sin dicha unión, el ser, orientado sólo por lo natural, requiere con urgencia mano amiga para entrar a superior oleada de vida.

Con libreta en mano, computador a la vista inicie su propio relato Vuelva querido lector a Belandia, siéntase peregrino en cada uno de los cuatro grupos, perciba detalles en calidad de hijo/a, hermana/o, madre/padre, amiga/o, estudiante, esposo/a. Relate su estado de ánimo al salir del salón de la integración. Cuál testimonio aporta en el museo etérico? Imagine el maná, los seres de luz; cuál sensación le acompaña al sentirse sin apellido ni país de origen? Haga lo mismo en el Pueblo Cenizo; sienta todos, cada uno de sus enredos; cuáles testimonios aplican a su vida? En el recorrido del pueblo, cuáles serían sus aprietos? Aplique similar proceso con todas, cada una de sus cualidades en los mismos roles anteriores en calidad de *redimido*.

Detalle los métodos descritos, despierte la percepción sobre si mismo; clarifique su principal forma de abordar renovada búsqueda. Incorpore otras teorías, cavilaciones, eventos diferentes, enfoques especiales. La síntesis representa su estado actual de conciencia, valioso punto de partida para el más allá de su propio amanecer. Vamos juntos.

CONCIENCIA DE MUNDOS DIFERENTES

*E*s común la percepción del globo físico en sus
Dimensiones de tiempo, espacio y la combinación de
Tierra, agua, aire, fuego. Quizás, la existencia del
Eter sea menos aceptado. Lo terrenal es propio de la
Dicotomía en opuestos de amor, odio;
Invierno, verano; fracaso, éxito.

Exceptuados los ateos, la gran mayoría acepta el
Mundo celestial, incluyendo la tríada divina del
Padre, Hijo, Espíritu Santo. Junto al
Arcángel Mahael conforman el primer cielo, sin
Opuestos en la jerarquía de los Serafines.
Continúan el cielo intermedio e inferior con seis
Jerarquías de arcángeles, ángeles y seres perfectos.
El Lector debe profundizar en obras sobre Cábala.

Le invitamos a superar la creencia de tener acceso a Celestial esfera sólo después de la muerte, de Reencarnaciones múltiples. Sea permeable sobre la Existencia paralela, simultánea de ambos mundos Con avenidas a los cuales podemos acceder ahora.

Tal vez, sólo sea permitida temporal permanencia en Inferior cielo con mediana percepción de los Superiores. Será suficiente para liberar ataduras Humanas, iniciar paulatina transformación en la Décima esfera del Arbol de la Vida.

PREAMBULO

Nacemos, hemos de crecer, morir a la actual existencia. Recibimos enseñanzas, soporte, cariño para luego entregar solidaridad, apoyo, amor. Los anteriores procesos ilustran la existencia de ciclos básicos con dinámico ritmo entre polos opuestos. A veces, sentimos la vida estática, sin vibración, pero es variada pausa del permanente fluir del proceso vital. Imagine el amanecer, atardecer entre la noche y el día; estaciones de verano, invierno; el mágico cambio del hielo, agua, vapor debido a diferente grado de energía.

Minerales, vegetales, animales repiten distintivos ciclos, sin posibilidad de abstracción alguna, postrados en mínimas variaciones evolutivas de su forma corporal. Dicho cambio, *forzoso* en minerales, *espontáneo* en vegetales, *instintivo* en animales, presente en temprana niñez es hábilmente superado por el ser humano. Significa sólo nivel inferior de vida, percepción elemental de la cual debemos partir Sin embargo, tardío, lento despegue de tan primaria situación tipifica a seres inconscientes, ávidos de sustento espiritual. Aportarles factores de oportuno despegue es loable intento.

Rememore sus decisiones al suspender estudios, optar por una carrera, aceptar su pareja, definir trabajo, conformar su empresa; reflexione sobre su práctica, labor y compromiso religioso. Han llegado en un fluir natural sin mucho esfuerzo ni metas por alcanzar? Lazos de amor, amistad, ilusiones se agitan en vaivén sin horizonte claro ni plenitud por alcanzar? Vive en soledad, angustia sin lograr compañía ni paz? Hay personas cuyas vidas trascurren con mínimo ritmo en la tristeza, pesimismo, depresión, apatía. Otros han logrado elevarse a la hiper actividad, euforia, agitación, soberbia. El noventa por ciento, considerado normal, en nivel intermedio modula con relativa armonía los anteriores opuestos. No es fortuito, hay razones para explicar tales diferencias, mayor motivación al disponer de sabias enseñanzas para en ritmo dirigido, minimizar lo negativo, expandir lo positivo. El mensaje de la obra, no le ha llegado al azar; igual a los peregrinos de Belandia es merecida invitación por sus anhelos, actos nobles, respuesta a sus plegarias. Igual, pudo ser respuesta a la oración de seres conocidos o por seres amorosos en silenciosa y humanitaria labor.

Mustias tareas actuales similares a las del Pueblo Cenizo, son bendiciones, oportunidades especiales ganadas por usted, por su familia. Aprenda a superarlas ganando expertismo en *transmutar* fases de su vida e iniciar renovadora brisa de inmensa armonía y belleza. Ha de ser guiado por el pasajero dolor de la blanca paloma al balcón de lo sutil, lo hermoso. Vea dichos descubrimientos en renovada actitud, ensanche su finalidad hacia lo positivo.

Gane destreza al dirigir su ritmo regresando a los párrafos previos, asimile con mayor profundidad diversos temporales de su vida, de la familia. Detalle sus polos positivos (7), obsérvelos desde su punto central interno, por abajo-arriba, derecha-izquierda, adentro-afuera; adapte nueva lupa para resaltar aspectos escondidos, disimulados en su persona.

Idéntico al regreso de Belandia ha de surgir guía luminosa del cielo, simbolizada en los tres Reyes Magos al descubrir el Niño Dios en su templo interior.

En pausado desarrollo interno aprenda, gane destreza en el manejo de la triada, *causa, situación y consecuencia.* Centrarse en la primera sana heridas, aun más grandioso, fortalece solidaridad entre amigos y desconocidos. En lo biológico, por ejemplo, el fumar genera prematurez asociado con mayor mortalidad de los neonatos. Por supuesto, el cuidado médico disminuye tales muertes y el buen manejo del parto anticipado es buena prevención. Dejar de fumar, es primaria acción, esencial ruptura de cadena de eventos mencionados. Insista en priorizar la *causa* de sus actos.

Propiciar el retorno espiritual, nos enfrenta al real origen de nuestros males. Cicatrices sico-afectivas consumen la voluntad, nos cubren con tétricos velos de temor, ansiedad, pesimismo. En forma lenta, producimos daño en nuestro entorno personal alimentando karma temprano, el cual unido al karma de pasadas vidas nos hunde en oscuros túneles. En tales situaciones, olvidamos e incumplimos sagrados pactos de vidas previas, adquirimos nuevas fobias a lo divino, atrapados en subterráneo recinto de lúgubre cueva.

Hemos transitado en reversa, nuevas recaídas advienen al usar segmentos inferiores de *nuestra fuerza mental, emotiva en actos innobles.* Actuando en pos de la bondad, potenciamos fuerzas superiores del pensar y del sentir en sublime albedrío; el cual por sagrada integración con el apoyo divino eleva la energía vital en el éter lumínico y reflector para el triunfo en batallas interiores, nuestra renovada meta.

En síntesis, al leer y trabajar con la presente obra ha de percibir su actual grado de ecuanimidad; precisar infracciones, orientar acceso hacia sus cualidades, por ende, elevar su probidad a esferas celestiales. En el más allá del amanecer, inesperadas lecciones, moldean nuevo ser para regresar con renovadas facultades, cumplir pactos de vidas anteriores, renacer en vida, con libertad ingresar a las filas de los seres luminosos del actual período.

DIALOGOS CREATIVOS

Persistir en la más preciada búsqueda de nuestra vida requiere intuitiva capacidad, renovado aprendizaje para vencer obstáculos, tentaciones, trampas de disfrazadas situaciones. Tal ves recuerda la inspiración ganada al intercambiar ideas con alguien de fundamento; a veces, dichas imágenes transforman y consuelan eventos difíciles de la vida. Doce coloquios con Jesucristo, hermano, luz del alma, han de generar creatividad, esperanza en nuestra búsqueda. Juan, en su evangelio de fuego, revela actos sublimes del Maestro cuya meditación conecta a lo divino. Sabemos de la tendencia a tener cerrada la Biblia en vistoso rincón de la casa; a rechazar su lectura. Sea receptivo, abra su ventana del alma para aspirar burbujas de arco iris, rocío inspirador en el amanecer de su transformación.

Los encuentros personales del Maestro con hombres y mujeres son universales, conllevan más allá del tiempo sabia enseñanza; entrar en dichas pláticas conecta directo a la eterna influencia divina. Para ganar mayor inspiración, lea primero en su Biblia los párrafos seleccionados, escriba sus conclusiones; incorpore luego nuestros apuntes; al final ore, entre en la escena en estado contemplativo de meditación. Al conservar temores, fobias, infundidos en el ambiente hogareño; desengaños, acepte el reto, sólo medite sobre el mensaje inicial, lea despacio los comentarios.

El actual capítulo es trabajo conjunto entre Jesús y Usted, apreciado Lector. Presentamos sencilla alusión a los actos del Maestro para visualizar con nueva óptica aclarando el rumbo a seguir. En aprendizaje continuo salga de la fase *"Tienen ojos y no ven; tienen oídos y no escuchan."* Centrados en las enseñanzas especiales o implícitas de los actos del Maestro en su vida pública, la revelación ha de crecer en forma pausada para guiarnos tal como lo hizo con sus apóstoles. Hecha la invitación, entremos en materia.

"En El estaba la vida, y la vida era la luz de la humanidad. Esta luz brilla en la oscuridad, pero la oscuridad no lo comprendió. 1:4-5"
Vida nueva, iluminación para salir de la oscuridad, de la noche de nuestra existencia actual. La vida celestial es independiente de nuestra comprensión, siempre disponible, basta anhelar y se manifiesta en nosotros.

El apego a la existencia física simbolizado por la oscuridad ha de atraernos, generar rechazo a la luz, en consecuencia atrasar el avance. He aquí el gran reto por vencer. Juan el Bautista clama en el desierto, bautiza con agua, anuncia la llegada del Mesías; cumple así con su misión; ahora es nuestro turno de cumplir. La represalia de la matanza de los párvulos, tratando de eliminar al niño rey, es al mismo tiempo la venganza del mal con su propia condena de extirpar su futuro. Frente al Herodes, símbolo de lo nefasto, hemos de irnos en silencio al Egipto sin exponer al real infante, nuestro futuro potencial. El temprano éxodo y retorno a la muerte del tirano, es protección divina en la temprana edad. Simboliza el intenso cuidado familiar a los niños en su primera oleada de siete años. Luego, somos responsables de nuestra propia iluminación interior con la permanente guía cristica en el templo del cuerpo físico. Contraste el Lector, los opuestos de luz-oscuridad, aquí relatados, con los equivalentes de noche-amanecer en la cita número doce. Reconocer al Señor, aceptar su generosa invitación, ofrecerle nuestros resultados sugieren la avenida para vencer fobias y lejanía a lo divino.

Cuando dos de los discípulos de Juan Bautista se mostraron curiosos, Jesús les invitó a pasar un día con El. Pronto, estuvieron listos para contarle a otros lo que habían visto y oído. 1:35-42
Jesús seleccionó sus discípulos, les enseñaba en forma integral el significado de sus parábolas. El Maestro sólo espera la curiosidad de escucharle para decir, *"Sígueme."* A la solicitud de *"Enséñanos,"* les invita a pasar un día con El. En los doce discípulos existe gran variedad de semblanzas presentes en las doce tribus, en los signos del zodiaco, es decir, todos somos invitados.

"Apreciada mujer, por qué me involucras? Mi tiempo no ha llegado aun." Su madre dijo a los sirvientes: Hagan lo que El les diga." 2:4-5
El pasaje anterior ilustra el poder de la petición a la virgen Maria, a seres celestiales, los cuales debemos tener en cuenta al pedir maná celestial. Es el primer milagro, antes de iniciar su vida pública. El vino producido tras ardua cosecha y fermentación; sugiere fortaleza en la solicitud.

"Lo nacido de padres humanos, es humano; lo nacido del espíritu, es espíritu. No te extrañes por decirte: Todos deben nacer de nuevo." 3:6-7
Nicodemo, notable autoridad, representa la erudición en libros sagrados, busca en la noche al Mesías debido al temor de ser reconocido como su adepto. Más adelante, hará floja defensa del Maestro frente a los sacerdotes; al final, aporta el bálsamo e incienso usados en el manejo del cuerpo de Cristo crucificado. Su lejano apoyo al Nazareno, de seguro ha de tener méritos pero es prioritaria la invitación a *"Nacer de nuevo,"aquí y ahora"* con un claro compromiso

al Redentor. Influyentes caciques, reservan su espiritualidad aduciendo ególatras ideas. Al contrario, Jesús aprovechó toda oportunidad en resaltar permanente unidad con el Padre. Sin exagerar ni ocultar divina aspiración, transforme, renueve falsas apariencias.

"Todos, al beber de esta agua, seguirán sedientos, pero al tomar de mi agua, nunca tendrán más sed. 4:13-14
Jesús ofrece *"agua viva,"* al alma humana de la mujer samaritana repudiada por sus vecinos. El Maestro no le juzga por su libre unión con actual compinche ni por previas uniones. Ella acepta la oferta, sin dudas, sale a difundir su encuentro con el Mesías. La asimilación de candorosos recados fomenta la misión de propagar lo esencial, sin limitaciones por previas fallas.

"Señor, ven pronto antes de la muerte de mi hijo." Jesús le dijo: "Vuelve a casa; tu hijo vive." 4:49-50
En vida cotidiana convertimos en reyes falsos a emociones, creencias pasajeras. Somos sus oficiales, les rendimos pleitesía, obediencia, nos sentimos poderosos en tal cargo. En sublime momento, el oficial percibe su error, acude al verdadero Rey para confiarle su propio hijo. Luego, verifica la sanacion ocurrida en la hora séptima, cuando Jesús le dijo, *"Vuelve a casa; tu hijo vive."* El retorno simbólico implica abandonar falsos dioses, acogerse en lo verdadero y permanente El pasaje induce a renunciar a la pleitesía de falsas autoridades; actúe en consecuencia.

Frente al paralítico, Jesús le dijo:"Levántate, alza tu camilla y anda."5:8
Al verlo con la camilla a cuestas, un judío le preguntó, *por qué trabajas el sábado? "El hombre me curó, y dijo, "Alza tu camilla y anda; no sé quien es El."* Jesús lo encontró de nuevo en el templo y le dijo:*"Ahora estás bien; deja de pecar o algo peor te ha de ocurrir."* Regresó donde los judíos, les

contó sobre el Sanador. Era más grave trabajar el sábado, les era imposible centrarse en la milagrosa recuperación del paralítico. Quizás por ello, Jesús invoca su relación con el Padre haciendo énfasis en su misión por cumplir. El Maestro vuelve a conversar con el beneficiado, quien regresa a los judíos para darles el nombre del benefactor. Es la respuesta al miedo inspirado por represión de la autoridad y también el primer asomo del engaño, traición con los cuales pagamos la bondad del Señor. Igual hemos sufrido el miedo, acoso, terrorismo de diversos grupos; quizás, como el paralítico recuperado hemos guardado silencio, ignorado al Redentor. Son caídas, trampas mencionadas al iniciar el capítulo, las cuales debemos enfrentar una y otra vez. Es muy simbólico el reencuentro en el templo significando nueva oportunidad. El Maestro siempre ofrece cálido abrazo.

Luego de la multiplicación de los panes, Jesús viendo la multitud quiso estar solo. Caminando sobre las aguas, en medio de una tempestad se unió a los aterrorizados discípulos diciendo: "Soy Yo, no temáis."6:20
Agua en vino, agua "viva," caminar sobre olas en la tormenta. Tres enseñanzas sobre el cambio de la naturaleza inferior por impacto divino. "*No temáis*," refuerza seguridad por impulsar en la adversidad, simbolizada en la borrasca. Vivimos aislados, oprimidos por el temor; prendamos la luz del Señor en lo interior para disipar la borrasca de la duda.

"Si alguno de ustedes está libre de pecado, tire la primera piedra."8:7
La Samaritana va al pozo al medio día, tratando de evitar el juicio de sus vecinos. De todas maneras, vive marginada por *vida disipada*. Ahora, hay otro encuentro con el alma humana, juzgada culpable de adulterio. Jesús sin juzgar le solicita alejarse del actuar delictuoso. La justicia humana la condena, la misericordia divina incorpora los buenos actos pasados, en ferviente unión la lleva al encuentro salvador.

Es momento para resaltar la posibilidad de encontrarnos con Jesús, atender sus mensajeros al ser perseguidos por frecuentes delitos. Las dos almas en crisis encuentran alivio divino, nos hablan de extrañas fuerzas conducentes a los pies del Maestro para recibir más amor, menos juicio. Dichas fuerzas también nos han de guiar.

"El hombre llamado Jesús puso barro en mis ojos, mandó a bañarme y entonces pude ver." 9:10
Similar al pasaje del paralítico, la narrativa muestra escalada desde la sanacion, dudas si se trata del mismo hombre, incertidumbre en los padres debido al miedo a los Fariseos, hasta la exclamación de, *"El es un profeta!"* El humilde hombre al defender a Jesús, termina con otra exclamación, *"Creo en ti,"* y le veneraba. En todo el proceso, el hombre supera la ceguera física, trasciende borrosa visión espiritual. De nuevo, los Fariseos enfrascados en las leyes no reconocen al Señor.

Maria trajo unos trescientos gramos de perfume, de nardo puro, muy caro y perfumó los pies de Jesús, luego se los secó con su cabello. 12:3
Hubo la crítica de gastar en costoso perfume en lugar de apoyar a los pobres. Jesús comentó: *"Dejadla, a los pobres siempre los tendrán entre Ustedes, pero a mi no siempre me tendrán."* Nos plantea la importancia de venerar al Señor con variadas ofrendas, en humilde actitud, sin acatar actitudes negativas, hipocresías de los demás.

"Traed algunos pescados recién sacados." 21:1-14
El capitulo final de Juan describe matutino diálogo con discípulos regresando de infructuosa pesca nocturna. Lanzada la red por la derecha, a sugerencia del Maestro, se llena de peces; el apóstol reconoce al Redentor, quien al prepararles desayuno, les solicita aportar algo de la pesca.

Luego habría de ascender a su Reino. Los predicadores, luchando en la noche de sus vidas requerían todavía el apoyo divino en sus metas; uno de ellos ha de exclamar, "*Es el Maestro,*" reconociendo la Luz. Antes de la partida de Jesús, en sublime festejo matutino comparten el fruto del trabajo humano con el regalo divino. Recordemos la expulsión del paraíso por desobedecer mandatos divinos; ahora, en el cierre del Evangelio de fuego, al reconocer al Señor, laborar con El sellamos nuevo pacto redentor.

Juan, empieza con los opuestos de luz, oscuridad para terminar la noche por la luz del amanecer. Al principio, la oscuridad no le reconoció, pero al final el apóstol identifica al Maestro. Trabajaron duro en la noche sin éxito alguno, pero a su comando, tiraron de nuevo la red, hubo gran pesca. Jesús solicita parte del resultado de nuestro trabajo en el desayuno preparado por El mismo. El Señor asciende, los apóstoles, al cumplir su labor habrían de recordar, clarificar sus enseñanzas. Igual proceso hemos de vivir durante la vida: la práctica hace brillar el saber; compartir con los demás, la actitud de agradar, alabar al Señor nos permitirán salir de nuestra noche, ir más allá del amanecer.

La estética y elegancia de la postura de Jesús con sus pioneros evangelistas ejemplifican la conducta sugerida para quienes decidan estimular la consolidación de grupos especiales (17), sugeridos al final de la obra. Complemente su análisis con lecturas afines para hacer su propio perfil en calidad de promotor de tan sublime retorno a lo Inmaculado.

GUIAS CELESTIALES

En crónicas previas narramos acercamientos divinos por respuesta celestial a variadas peticiones humanas: Al salir de Belandia recibimos la promesa de indefinible patrocinio; ganamos túnica divina en la visión del iluminado. Meditar en apariciones y mensajes de mediadores eternos, infunde mayor certeza en el palacio de luces eternas. Examinemos primero testimonios del Antiguo Testamento.

Los dos ángeles llegaron a Sodoma y Lot esperaba en las afueras de la ciudad. Génesis19:1

Sugieren a Lot abandonar la ciudad por el inminente castigo a excesivas faltas de los habitantes de Sodoma. Tragedias naturales ocurren paralelas a la admonición divina; en el caso de la destrucción de Sodoma, la causa estuvo muy conectada a su perdición y obstinada tendencia a la maldad. Sin coloquios cognoscitivos, entra en contemplación con tu ángel, observa la destrucción de tus errores, infracciones del pasado. Acepta la advertencia de no volver la mirada hacia atrás, avanza seguro a la renovación interior.

"Mira, estoy enviando mi ángel delante de ti para asegurar tu senda y te introduzca en el lugar preparado para ti." Ex, 23:20

Dicha promesa ha inspirado a los artistas el ángel guardián guiando niños en el viaje. Al comenzar el día, finalizar la noche, iniciar un proyecto, realizar una obra, compartir un mensaje sintamos la presencia del ángel protector enviado por Dios. Adoptemos una señal como parpadear, inclinar la cabeza, respirar profundo para en silencio enviarle nuestro afecto y saber de su aprobación. Salga de su niñez espiritual al imaginarlos luminosos sin cuerpo físico de hombre o mujer En silencio, ofrezca acciones a realizar en lugar de fomentar el usual diálogo humano; logramos mayor sincronía con lo eterno. Aprenda de autores serios, sus nombres, esfera de influencia para especificar solicitudes. Ofrezca especiales aptitudes en servicio a los seres humanos en calidad de agente de la voluntad divina al recibir y dar ayuda.

Y el ángel de Jehová dijo a Balaam, "Ve con esos hombres, pero mi palabra, sólo esa hablarás. Nu, 22:35
La duda se ha de presentar muchas veces en nuestra travesía faltando a divinas obligaciones. Estamos en los planes del Señor y sus ángeles listos a darnos mensajes verdaderos. Al recibirlos, obediente confianza ha de primar sobre humanos avisperos.

"Yo os saqué de Egipto, no invalidaré jamás mi pacto con vosotros, si vosotros no hacéis pactos con los moradores de esta tierra, cuyos altares habéis de derribar; más vosotros no habéis atendido mi voz Ju, 2:1-3
Cuando olvidamos convenios divinos, el Señor nos deja a merced de fatales enemigos, los cuales se tornan más peligrosos y poderosos. Emergen múltiples problemas, obstáculos al dedicarnos a temporales dioses. Algo dentro de nosotros muere, es necesario retornar nuestra mirada a lo divino, consagrarnos de nuevo al Señor. En meditación, observemos desviaciones, falsos ídolos, errores, oremos por el correcto regreso. Renovemos perenne alianza divina, anhelemos el ramo de olivo entregado por la paloma de la paz al descender aguas pasionales.

Y voló hacia mi uno de lo serafines, teniendo en sus manos un carbón encendido, tocando con el sobre mi boca, dijo; "He aquí tocados tus labios, es quitada tu culpa, y limpio tu pecado." Isa, 6:6-7
Los serafines muy próximos al trono divino, cubiertos con alas; alaban al Señor con cánticos. A la pregunta, *"A quién enviaré,"* el profeta responde, *"Heme aquí, envíame."* El vibrante escenario descrito es tema para en especial abstracción ofrecer su voluntad a la Divinidad: La escena inicia con el temor del profeta de morir por estar frente a la divinidad suprema; transforme dicho temor en actitud piadosa. Los seres celestiales toman la iniciativa al ofrecerle

carbón encendido, simbolizando la iniciación. En silenciosa actitud creyente, sin peticiones a priori la expandida capacidad de recibir es llenada por la bondad celestial.

Entramos ahora a nuestra época en el Nuevo Testamento basándonos en evangelios de Lucas y de Juan

"Yo soy Gabriel, delante de Dios; he sido enviado para hablarte y darte buenas nuevas," Lucas 1:19
Zacarías, viejo sacerdote oraba para tener un hijo; al recibir del arcángel Gabriel la buena noticia, dudó, perdiendo el habla por mucho tiempo. El mismo ángel anuncia a Maria sobre el nacimiento de Jesús. Podemos invocar a Gabriel en problemas de fecundidad, protección familiar; encargado de la comunicación, inspira a músicos, poetas; orienta estilo contenido, diseño y publicación de temas venerables. Centrado en su esfera, invoque por delante a Mahael, izquierda a Rafael, derecha a Haniel, por detrás a Uriel en protectora cruz; haga su propia invocación y petición global.

"Padre, si quieres, pasa de mi esta copa; pero no se haga mi voluntad sino la tuya." Lucas 22:42
En el huerto de los Olivos, Jesús visualiza su cercano futuro; exclama la anterior petición aceptando siempre, la voluntad suprema. Los apóstoles duermen, el silencio es máximo, siente en extremo el inevitable dolor; un ángel le fortalecía y le mostraba el hilo de antorchas guiadas en la noche por el traidor de turno. Acepta beso delatador y rechaza la ayuda violenta de su apóstol. La misión ha de continuar sin usar el poder; el mismo proceso ha de convertirse en la esencia de la enseñanza En el esfuerzo por renacer siempre ha de surgir un Judas incitando al uso del poder en vanas conquistas de lo pasajero. Cambie el sentimiento de frustración al visualizar su entrada al mundo de la verdad, alejándose de estériles luchas entre seres corrientes. Al

sentir muy pesada nuestra misión, meditar con Jesús antes de su pasión, fortalece.

"Y nos hizo reyes y sacerdotes para Dios, su Padre."
Apocalipsis 1:6
Universal nombramiento por medio de ángel sin especial nombre, unifica gran liderazgo humano con sublime poder celestial; simboliza la mayor aspiración posible en el globo terrenal. Implica armonía constante entre metas humanas y divinas en pausada oferta de amoroso servicio. Inspirador lema de nuevos, silenciosos guías de la actual época; lejos del asombro, aceptemos tan sublime cargo!

TUNICA DIVINA

Elías a orillas del río Jordán usa el manto, separa las aguas, lo cruza en compañía de Eliseo, su futuro sucesor. El profeta ascendido en carro de fuego, deja caer su manto en las manos de Eliseo, quien inicia su labor con similares poderes a su antecesor (2 Reyes 2:13). Dos instrumentos divinos, carro de fuego para ascender; manto divino para continuar su profética labor. Moisés usó también la vara al separar las aguas del mar, al obtener agua de la roca (Exodo 17:1). El efecto del manto y de la vara sobre el agua simboliza lluvia divina liberando de cadenas pasionales.

La tradición humana ha plasmado los anteriores ejemplos en la capa y la varita de los magos. Existe algo intermedio entre los instrumentos divinos y la magia común para expandir el contacto eterno, fortalecer nuestros actos en su nombre? La respuesta es afirmativa, alentadora; fruto de asiduo esfuerzo, se encuentra lista a nuestra solicitud. Por misericordia divina recoge manto celestial para impulsar, sublimar la terrenal vivencia.

La vitalidad rodea todo el cuerpo, delinea un manto de energía, percibida por los demás como rechazo en caso de rencor y atracción por simpatía. La incipiente túnica se refuerza por: actos nobles, ausencia de juicio, tendencia a lo abstracto. Al reajustar su vida, irradiar optimismo, alegría, genera primeros tonos claros a la oscura túnica del pasado.

En tiempo variable después de novedosa boda, la vida retorna en mucho a la rutina; creemos conocer a la pareja en gustos, afectos, expectativas (6); igual los hijos, son dirigidos por enfoques similares sin aceptar la diferencia de cada uno de ellos en fabulosa maduración. De variadas formas, haremos énfasis de incorporar, aceptar los avances de la pareja, hijos, amigos en renovada relación. Constante actitud de interior reciclaje intensifica atractivo brillo en la creciente mantilla alrededor de nuestro cuerpo.

El manto aúrico reforzado por el perdón, reparación, arrepentimiento, adorna avances en la conciencia física, ilusoria, emocional, mental, para brillar al éter lumínico y reflector conectando a majestuosos niveles de conciencia espiritual. Percibimos llamados lejanos, desciframos ocultos mensajes, sentimos el dolor ajeno imitando a Jesús al sentir la mujer enferma tocando su manto, *"Quién me toca?*

Experimente de nuevo el recorrido del *Pueblo Cenizo,* reviva ahora el efecto sanador del anhelo de reparar actos insensibles, inconscientes No interesa la gravedad de los mismos ni el largo recorrido de su vida. Lo hace ahora o posterga para las primeras etapas más allá de la muerte. Haga la reparación en situaciones similares a las generadas antes: si abandonó a los hijos, adopte huérfanos, sea tutor de estudiantes pobres; indolente en calidad de empresario o profesional, promueva acciones solidarias; en lo posible, contacte sus victimas, ofrezca perdón, repare los efectos físicos, mentales, emocionales originados por su actuar.

Siempre dedique su reparación y arrepentimiento a la divinidad. Esencial es no repetir actos similares, pues al recibir inmerecidas oportunidades, nuevas reincidencias son penalizadas con mayor rigor.

Regrese a la *"Visión de un Iluminado,"* detalle la túnica de variable tono adherida a la capa vital para continuar su ascenso. Visualice de nuevo en Belandia el cambiante fluir de túnicas según armonía del ambiente. Prominentes escuelas sugieren a sus adeptos elaborar un manto simbólico al orar cada noche. Se les instruye dicho manto será disponible en viaje después de la muerte.

Notables videntes pueden ver la capa vital reforzada con dicha túnica en personas dedicadas al altruismo, a la paz promoviendo armonía más allá de la familia y entorno social. La aureola en la cabeza de santos es otra versión del cúmulo de energía positiva ganada por la fuerza de los actos nobles. La misma se puede observar en avanzados caminantes siguiendo invisibles huellas. Reciben dones especiales de interpretar misterios no develados, participar en procesos de sanación, fomentar alegría, optimismo, esperanza a su alrededor.

PERCEPCION DE DIOS

Nos hemos referido al mundo espiritual,
Origen y retorno obligado de nuestro ser
Creado a semejanza de Dios. Los seres
Divinos, Serafines, Arcángeles y Angeles
Revelan la presencia de Dios en lo conocido,
Lo desconocido y aun en lo inconocible.

Anécdotas reflexivas sobre la divinidad,
Cruciales leyes cósmicas, adornan nueva
Forma de ver el pasado, aprovechar crisis,

Ajustar su meditación para aclarar nuestro
Velo, elevar comunicación celestial.

LA GOTA EN EL OCEANO

El poeta Bécquer deleita con exquisitos poemas:*"Las lágrimas son agua y al mar retornan; los suspiros son aire y al aire regresan; dime, amor mío, sabes tú, adónde retorna mi amor por ti?"* Continuando el mismo sentido, la gota de agua, comenta: *"Quiero conocer el mar, integrarme a mi propio origen."* Al llegar al océano, perdió su propia identidad logrando su anhelo. Lo propio sucede al suspiro cuando se integra a corrientes aéreas. Al sumirnos en océano de superiores sentimientos, al flujo de verdades celestiales se desvanece el apego, la identidad con lo humano, liberando lo espiritual. Amor terrenal, gota del mar, aéreo suspiro, desaparecen inmersos en el amor divino

LA NUBE EN EL MAR

El agua cansada del mar por rutinario vaivén de las olas, en la serenidad del intermedio, dialoga con el reflejo de las nubes. "Eres sutil, de variados colores, gracioso vaivén, por cierto muy escurridizo. Háblame de ti." *"Bueno, en realidad, no existo por mi mismo; soy imagen a semejanza de las reales nubes en el cielo."* "Incomprensible tu definición, mejor llévame contigo para darme cuenta por mis sentidos." *"Imposible, eres demasiada densa, habrías de renunciar a tu actual forma, vivir gran transformación."* "Estoy dispuesta!" *"Bien, en quietud, aprovecha los intensos rayos solares, subiremos juntas."* Simbolizado por la porción de agua consciente y el reflejo de la nube, el ser humano dialoga, pregunta sobre Dios sin alcanzarlo con su desarrollo sico emotivo. Debe trascender cuerpo físico, mente racional, amor humano para elevación hacia lo divino, por el calor solar, signo de celestial ayuda.

CERCA DE LA GENTE

Todos recordamos el intento de alcanzar a Dios mediante la construcción de la famosa torre de Babel. Advino variedad de lenguas, confusión por la soberbia de crear puente físico hacia la divinidad. En el mismo sentido, el monje Pascual era obsesivo en la búsqueda de la presencia divina. Oraba con fervor, ayunaba, hacía retiros intensos, buscaba respuestas en sagrados libros sin lograr su máxima ilusión, estar frente a la divinidad. Al implorar con gran mística, *"Tengo la sana intención de purificarme en tu presencia, acércame a Ti,"* la compasión divina le permitió ascender en éxtasis a los aposentos celestiales, en los cuales sólo persistía la soledad, no habían ángeles, menos la imagen divina. Preguntó en tono alto:*"Dónde están por lo menos tus sagrados mensajeros?* Escuchó entonces el majestuoso eco:*"Consuelan a tu gente enferma, prisionera, sedienta, deprimida."* "Capto tu enseñanza, Señor, mientras más cerca estoy de tu gente, más cerca estoy de Ti. Gracias."

CUANDO MIGRAR

Un hombre quería emigrar de su país natal buscando mejores oportunidades para la familia. Por lo menos una vez a la semana observa con sus hijos en el muelle la partida de barcos, pedía dirección al crucifijo de marineros. Ahorraba al máximo, oraba en el puerto por la pronta partida. Hizo contacto con una organización al respecto, canceló el valor de documentos y tiquetes. Su esposa e hijos le seguirían dos semanas después de su despedida. Todos oraron, dieron gracias al Señor por el viaje del padre, se abrazaron con fe y alegría. Al llegar a las autoridades de migración descubrieron gran fraude y hubo de regresar a su casa. Al pasar por su sitio de oración, desolado exclamó: *"Señor, Tú todo lo sabes, podías haber avisado, evitarnos dolor y frustración; he perdido la fe."* Tres días después se conoció del naufragio del barco sin dejar sobrevivientes. La familia regresó al sitio de oración, agradecido el padre dijo: "*Si, todo lo sabes, perdona la duda, gracias por la protección; dínos cuándo debe ser la partida; claro, enséñanos a oírte. Gracias.*" Dolorido por la muerte de sus semejantes, acudió a las autoridades relatando detalles sobre los estafadores delincuentes. Cinco semanas después, recibió especial ayuda para salir del país en recompensa y protección por su ayuda a la justicia. De nuevo, agradeció al Cristo por su misteriosa actuación.

PLANTAS Y HONGOS

En un seminario sobre Teología, la comparación entre plantas y hongos ilustraba la variable percepción de la divinidad entre los humanos.

Los hongos se reproducen por esporas, las cuales sin alimento propio dependen de otros vegetales para germinar; pueden ser alimento, alucinógeno e inclusive actuar como antibióticos; al carecer de clorofila no captan energía solar y en consecuencia no producen frutos. Igual a los hongos, el ser humano en mínima percepción divina genera actos instintivos, emotivos y razonables; edifica, destruye en forma pasiva dirigido por fuerzas vitales, sin asimilar la energía espiritual. Los evolucionistas plantean el efecto de millones de años para la absorción solar y salir de la fase de hongo hacia los seres clorofilados. El emigrante terrestre conserva en su interior toda la capacidad de captar la luz divina, lograr en su actual existencia contacto con la divinidad. Para ello, debe, aspirar, trabajar, confiar en glorioso cambio

Las plantas en general se reproducen por semillas, las cuales contiene el embrión y alimento para nutrirse, brotan a la luz; por absorción de la externa energía solar elaboran flores, frutos perjudiciales o saludables. Esenciales en la cadena alimentaria, dependen de variable intensidad de luz y su cultivo tiende a ser estacional. Los humanos, por el contrario, disponemos de permanente, liberadora oferta. Mediten los impacientes por lenta percepción divina en el bambú japonés, cuya germinación dura varios años para alcanzar en sólo seis meses su gran altura. En latencia, las raíces en preparación se dispersan al máximo para sostener con fuerza a la erguida planta. Enseña paciencia, confianza en la divina inspiración con variados y misteriosos métodos.

La iluminación divina amerita fuertes raíces en la bondad, permanente rocío amoroso sobre flexible tallo al vaivén de soplo celestial. Promueve interno despertar, independiza de los períodos de fracaso, éxito; pobreza, riqueza; aceptación, rechazo. Cual luz en la cima de la montaña irradia claridad sin interesar hasta donde y a quien llega. Nos convierte en fugaces soles en transición hacia el Dios central, esencia de todos los sistemas

SOLTAR LO POSITIVO

Atraído por sereno anciano debajo de un ciprés, pregunté, "Cómo llegar a Dios? He buscado mucho tiempo, leo sagrados libros, ayudo en lo posible, aun no lo encuentro." *"Para llegar a Dios debes cortar los globos de tus buenas acciones, te impiden levantar vuelo debido a demasiada satisfacción. Suspende el anhelo de llegar a Dios, míralo en todos los seres humanos, en la naturaleza. Siente la presencia divina al leer textos sagrados, guárdalos en tu corazón, no en la memoria; al defender a los demás no esperes recompensa, corta el anhelo de comprar cupos para la eternidad. Ora por todos los seres, estarás incluido entre ellos; agradece en plural por favores recibidos; si aun no llegan temprana gratitud es poderoso imán. Al invocar a Dios, inicia con plegarias, símbolos universales, espera luego en silencio; la variedad de sus mensajeros te darán respuestas por medio de contactos, hechos simples en el mundo terrenal. Por ello suelta tu apego mental, emocional; siempre atento a ver, escuchar, soñar; practicar el bien sin esperar recompensa. Al liberar tus cualidades, te elevas a corrientes divinas, seres angelicales impulsan el ascenso. Has de percibir a Dios entre cánticos y colores especiales."*

SOLTAR LO NEGATIVO

Otro personaje preguntó al anciano, "Cómo podría liberarse de maldades hechas a otros, incluyendo robos, asesinatos?" *"Tarde o temprano, de alguna manera la vida te ha de cobrar deudas pendientes (19). Por ahora, pide perdón sin repetir tales acciones. En lo posible, procura resarcir el daño provocado, dedica tu vida al bienestar de los demás. Cierra tu mente a ideas dañinas, abre tu corazón a la piedad para el prójimo, aléjate de seres viciosos, delincuentes."* "Temo por la vida y seguridad de mi hogar, qué debo hacer?" *"Lo hecho pertenece al pasado; nadie paga por los actos de otros; la divinidad tampoco anda repartiendo venganza a seres inocentes. Con valentía, amor habla a tus seres queridos, muestra arrepentimiento, practica el bien. Imita a la abeja productora de energética miel y curativo propóleo. En el esfuerzo has de encontrar soluciones; entrega tu vida a lo celestial; ten fe, sobre todo, abandona el mal. La divinidad nos encuentra al buscarla con sinceridad."*

SIENTO LA FUERZA

Un padre tenía problemas con su adolescente hijo, rebelde y dominante. La Consejera Espiritual le sugirió llevarlo de voluntario al hospital de veteranos de guerra, donde debía ayudar a parquear carros, dirigir los pacientes al sitio de consulta. Estuvo en contacto con personas mutiladas de piernas, con artefactos mecánicos en sus brazos; hubo de orientar a ciegos, sordos; guiar a seres con abertura abdominal externa por pérdida parcial del colon. En la tarde, al llegar a su hogar dormía un rato, esperaba el retorno de su padre del trabajo para charlar. *"Gracias padre, por ofrecerme la reunión con los veteranos. No había estado en presencia de tanta gente en semejantes problemas, casi todos mirando hacia adelante llenos de optimismo, alegría confianza. Si me lo hubieses contado, no lo habría creído. Espero recuperar mi apetito pues estaba perdiendo peso."* Conversa con ellos, hijo, procura llegar a su interior, dime luego, la nueva percepción." *"He venido caminando, sintiendo mis pies sobre el suelo; he agitado mis manos en el viento cual sutil mariposa; he sintonizado el cántico de los pájaros; he detallado los hermosos colores del arco iris. He percibido la fuerza al lado del dolor, de la esperanza, veo nuevo alborada en mi vida. Ya no temas por mi, percibo la fuerza divina y estaremos juntos."* Memorias de un iniciado.

LA TRIADA

Padre, Hijo y Espíritu Santo, tríada divina simbolizada por el sol físico de nuestro sistema planetario. No tenemos acceso directo con el Padre simbolizado por el sol; el Hijo, Cristo por los rayos solares; el Espíritu Santo por el calor llegado a nuestro cuerpo humano. Todos los idiomas conservan la estructura de dicha triada con el sujeto, verbo, predicado: El sujeto rememora al Yo Soy, el Cristo al Verbo, el predicado al Consolador. Al diluir diferencias de nacionalidad, sexo, raza, culturales, sociales, transitamos por la cruz de brazos iguales, percibimos el punto central del *"Hágase la Vida con el Verbo eterno,"* sobre nuestro temporal cuerpo humano.

La unicidad, puerta al reino, es mencionada también en el Evangelio de Tomás: "Y Jesús dijo: *Cuando convertís el interior en lo exterior, el exterior en lo interior; lo arriba en lo abajo; el varón con la hembra en exclusiva unidad, sin percepción masculina, entraréis al Reino."*

La periferia circular es nuestra atadura a los opuestos, mientras el movimiento en espiral iniciado en el punto central sobre los cuatro cuadrantes simboliza levantar vuelo, avanzar hacia la unicidad, retornar a lo divino. Además el círculo, nuestra llegada al ámbito terrenal en cuerpo, alma y espíritu; es sublimado por el viaje en espiral, expande mente concreta y emociones, nos impulsa hacia abstractos niveles cercanos a la divinidad. Blaise Pascal, describe el Ser Unico y Verdadero: *"La esfera infinita cuyo centro está en todas partes y su circunferencia en ninguna."*

APRENDIZAJE COSMICO

Vidas antes de nacer moldean, plasman el perfil inicial, el devenir de la actual existencia terrenal. En efecto, antes de reencarnar, seleccionamos país, raza, cultura, nivel social, de salud, familia para cancelar errores, deudas previas. *Nada es al azar, todo tiene su causa y finalidad.* Observe con amor sus actuales condiciones, a pesar de limitaciones, cancelan deudas, maldades en vidas previas. Por supuesto, dicho balance incluye sus buenos actos y la consecuencia de los mismos. En términos orientales, el *"balance entre el Karma y Darma de vidas previas integran en su persona el efecto negativo de errores con el potencial positivo de buenas acciones."*

Con el *"perfil inicial,"* desechamos la idea de un fatalismo divino o de cualquier índole sobre la humana existencia. En términos comerciales significa disponer desde el primer suspiro de la vida, de una cuenta bancaria con dinero disponible y deudas por pagar; sin interesar su magnitud, depende de nuestra habilidad obtener buenos resultados en el futuro. Similar al recién llegado al país, el saldo disponible entre reservas y déficit en lo económico, emotivo, ético sirve o perjudica a su nueva situación. Al reconocer debilidades, potenciales como adolescente, adulto, abandone tristeza, alegría por el balance inicial, chequera cósmica, con la cual inicia labor en la vida temporal.

Dicha fuerza cósmica siempre estará presente en sus actos y consecuencias. Se explican así, cambios tremendos en la vida de niños levantados en orfanatos al ser adoptados por padres ricos; familias poderosas, por el contrario, incapaces de salvar a sus hijos del desespero, depresión e inclusive del suicidio. Por lo tanto, aceptemos ahora la obligación contraída de cancelar errores y sus efectos de pasadas vidas expresados en su karma, el cual explica además inexplicables sucesos fuera de su control. Ordenarlos le sirve para identificar pasados roles. Es vital, apoyarse en el Darma previo, potencial elaborado por buenos actos con resultados positivos.

El balance entre Karma y Darma previos se insinúa en gran parte durante los primeros siete años de vida; en su observación juegan papel importante padres, familiares cercanos. Por ello insistimos, aparte de su propia opinión, la importancia de visualizar limitantes, potenciales para acompañar al niño(a) con adecuadas acciones en su temprana adaptación. Hacerlo implica reforzar la limpieza de su pasado lejano, aliviar en parte el caminar de seres cercanos. En la práctica, los padres observan hijos con tempranos hábitos al fácil aprendizaje, seguidores de las normas, en general, de actitud positiva frente a la vida. Otros por el contrario, muestran temprana terquedad, demasiado egocentrismo, actitud negativa. En la mitad, el grupo de los indecisos muestra apatía, lento desarrollo. *"No es sólo patrón genético, incluye legado cósmico."* Reflexione sobre sus pasadas características al respecto, observe su familia de origen, perciba en cual grupo han caminado. La particular relevancia de dicha observación es la de iniciar procesos tendientes a intervenir directamente para expandir fuerzas, liderar su propia futuro, ser guía de otros en su propia recuperación.

De igual manera, *nuestros actos generan Darma y karma recientes*, los cuales se combinan con los de anteriores vidas para generar en conjunto su estilo de vida. El padre absorbido por el alcoholismo genera cicatrices en sus hijos; la violencia familiar antes del divorcio de los padres crea timidez, culpabilidad en los párvulos. El rígido profesor lastima a educandos; el empleador abusivo con mínimos salarios empobrece a trabajadores angustiados. Dichos ejemplos, concientes o no, generan en sus actores fuerzas nefastas, las cuales disfrazadas reaparecen en su futuro con el mismo o mayor impacto al daño producido.

"Nadie escapa a la ley cósmica de la compensación en sus implicaciones de premio, castigo." Por el contrario, al realizar buenas acciones en calidad de padre, madre, esposo(a), hijo(a), amigo(a), educador, profesional ha de recibir igual o superior efecto. Interesante, al realizarlas sin esperar recompensa inmediata, méritos por celebrar, mayor será el retorno a recibir. El Señor dice, *"Quienes recibieron premio inmediato en forma de honores, ciertamente ya ganaron su recompensa; en cambio, el bien hecho en silencio también retorna frutos en silencio."* De notable impacto, la reparación de nuestras fallas, *"siempre regresa al mismo nivel físico, emocional, mental o espiritual en el cual fue realizado.*

El previo acuerdo cósmico realizado en el cielo superior es difícil de aceptar en la cultura occidental. Para su atención ilustramos una serie de eventos los cuales no pueden ser explicados sólo por la genética, conducción social de nuestros familiares y amigos; son consecuencia de previas vidas y lo realizado hasta ahora.

La aceptación, alegría del embarazo deseado genera gran oportunidad para el nacimiento y futuro desarrollo del ser en gestación. El aborto inducido es para el espíritu recién llegado un retorno obligado al plano divino cortando la oportunidad del aprendizaje terrenal. Para quienes provocan el aborto, sin lugar a dudas, han ganado un karma temprano pagadero a su debido tiempo. Igual explicación sucede con las muertes de menores de cinco años, los cuales con sólo su presencia han cumplido parcialmente su misión.

Revise la historia de variados genios juveniles en música, arte, ciencias, muchos de ellos sin antecedentes familiares al respecto; relatos de niños capaces de hablar idioma lejano, personas describiendo ambientes desconocidos. Todos evidencian reminiscencias de vidas anteriores. La Regresión, disciplina seria practicada muchas veces por empíricos, es un viaje por dichas circunstancias. Observe además, marchito final de muchos privilegiados al no utilizar en forma adecuada su excelente potencial.

Situación contraria son ejemplos de personas con trastornos congénitos o, incapacitados por accidentes quienes pueden llegar a relativas formas de éxito. Medite sobre testimonios del arribo tardío de personas al aeropuerto o quienes, sólo al final compraron el mortal tiquete de improviso accidente.

Gane inspiración en las historias de muchos niños, niñas sacadas de pésimo entorno social para brillar en difíciles posiciones e inclusive ganar premio novel. Por el contrario, tremendos ejemplos de caídas de jóvenes en familias prestantes ensombrecen esfuerzos de tiernos, dedicados padres y familiares.

Hemos comentado el compromiso cósmico individual. Existe además, similar legado en nuestra familia, país, raza, lo cual facilita o complica el enfoque individual. Sin embargo, aceptar dicho concepto visualiza compleja red de opciones por realizar. Frente a descomunal reto ratificamos el pedido de inspiración divina, proximidad de seres angelicales para avanzar en lo apropiado. El tema amerita leer, consultar expertos, superar duda convencional.

Quizás, sentado en su sillón se pregunta cómo seguir, conducir a plenitud su vida teniendo en cuenta su chequera cósmica afectada por los efectos de su vida actual. Entre a sus ideas, emociones, actos pasados sin dolor ni alegría, no busque culpables ni benefactores. Asimile su pasada vivencia al entrenador revisando con sus jugadores variados videos de juegos en temporadas previas. La meta es identificar errores sin lamentos, bondades sin exaltadas alegrías. En forma serena, objetiva hemos de ajustar nuestro ser usando la información de los capítulos previos, visualizarnos en el mundo cósmico, no sólo en la vida pasajera del mundo terrenal. Además, al sentirse viajero cósmico ha de recibir poderosa compañía trabajando a su favor. Es tiempo de revisar capítulos leídos a la ligera, aclarar conceptos, consolidar ascenso en espiral para potenciar, reajustar al máximo su progreso y utilizar nuevo pasaporte válido a dimensión celestial, nuestra real meta.

Le invitamos a benéfica especulación sobre el intervalo de su actual existencia, comparable al proceso de escribir el libro en curso: La actual página constituye en cierto modo un presente; las previas, el pasado; por supuesto, las próximas esconden el futuro, aun no revelado. En reducida óptica, ésta línea es lo actual; las anteriores, lo realizado; las próximas, lo pendiente. Ilustramos así, el fascinante poder de la capacidad para expandir, contraer lo acontecido, lo venidero. Sabemos del imparable acontecer cronológico, mientras es factible navegar, timonear a plena voluntad, en el devenir sicológico. Majestuosa, la agenda del Señor, atemporal, ausente de predestinación trasciende el ritmo del pasado, presente y futuro; la asociación mental del intervalo entre causa y el brotar del efecto. Deténgase, en las tres concepciones, cronológica, sicológica, celestial y pausado otorgue prioridad a la última, en la cual, *"Todo ocurre en el tiempo del Señor."*

La carátula del libro, tarjeta de presentación del mismo, sólo será diseñada al final, con el propósito de combinar lejanas impresiones con cercanas inspiraciones. En igual proceso fluyen su vida, la mía propia; nada hay definitivamente escrito hasta llegar la despedida al morir. Mientras tanto, tenemos oportunidad de enmendar, corregir, sublimar pasados actos y sus consecuencias. Es decir, en relativo, fugaz ahora, podemos ajustar lo hecho, moldear lo venidero Es posible en el ejemplo del libro, debido a la fabulosa tecnología del computador. Es posible en nuestras vidas por la apertura del nuevo milenio a compartir en términos simples, verdades celestiales, escondidas, disfrazadas en términos esotéricos de grupos especiales. Por tortuosa su vida haya sido, confíe en su capacidad de arrepentimiento, regrese con actos nobles, actualice su legado! Escuche de nuevo la cronología del Señor, *"Vete y no peques más!"* Grabe con fuego en su corazón, el axioma profundo de la vida celestial: *"Su pasado es antes de nacer, su presente es todo su temporal recorrido, su futuro es después de la muerte,"* Borre obsoletas cicatrices, sienta plenitud, calme exaltadas ilusiones.

"Nunca es tarde para arrepentirse," aplicable en el recorrido, debe combinarse con *"Buenas o malas acciones generan buenos o malos resultados; todo depende del grado de conciencia."* Un infante crecido en medio acaudalado se convierte a veces en persona fracasada por no valorar todo el soporte recibido de sus padres; al contrario, el niño en ambiente pobre torna en éxito la barrera de mínimos recursos disponibles. La familia rica repartió bienes físicos sin abordar lo efímero de dicho bienestar; la familia pobre en su escasez aportó fortaleza para luchar con tenacidad.

Hemos presenciado el derrumbe de poderosos líderes económicos al dilapidar acciones de millones de socios. Se encuentran ahora en la ignominia de aisladas celdas. Emergentes figuras sufrieron largos periodos encarcelados antes de ascender al pedestal de líderes nacionales con impacto mundial. En ambas situaciones, tentaciones, oportunidades rondaban la meta según grado de percepción del bien, del mal. Así, varios de los presidiarios se han convertido en notables escritores, mientras muchos de los dignatarios referidos han caído en graves errores. Medite en Usted mismo, en su familia, en su entorno local o nacional para visualizar las relativas fases de éxito/fracaso, aceptar su temporal duración, modificable por su esfuerzo conciente magnificado por rayos eternos.

La mayoría de hijos e hijas jóvenes recuerda gran tragedia en el divorcio de los padres, en especial cuando se acompaña de violencia, maltrato. Pareciera el fin de las buenas relaciones; sin embargo, el tiempo cura todas las heridas si aportamos adecuadas semillas. Muchos rehacen sus vidas e inclusive mantienen adecuadas relaciones con exparejas, también con los hijos. Por el contrario, otros no se recuperan de su crisis, van de mal en peor. De nuevo, la diferencia se establece por el grado de contacto en la esfera superior a lo terrenal.

A nivel político hay presidentes en varios países propiciando mentirosas guerras, desastres, apropiación de bienes sociales. Surge la vía dual del bien, del mal; unos pocos se convierten a benefactores pero la mayoría se profundizan, esclavos del poder al continuar lo nefasto.

En la natura, huracanes, tempestades se alternan según grado de calentamiento del agua en los mares. El fenómeno del Niño enfría el agua del Pacífico propicia inundaciones en variados países, previniendo temporada de huracanes en el norte de América. *"Lo bueno para unos es malo para otros; lo malo para unos es bueno para otros; todo depende de condiciones internas y externas."* El veneno de peculiares animales es terapia en varias enfermedades del sistema nervioso; cierta clase de carbón precede al diamante. Dichas situaciones son regidas por leyes naturales en el marco de lo divino En los seres humanos, depende de su desarrollo interno, comunión con lo divino regido por leyes universales, de las cuales hemos mencionado algunas.

La sucesión de eventos fluye hasta la muerte; antes de su llegada nos ofrecen oportunidades para tornar lo negativo en éxito, lo amargo en dulzura, cancelar deudas, suspender negativas consecuencias en Usted mismo, su familia, entorno local, nacional. Todavía hay oportunidad de mejorar, sublimar nuestra vida. Actuemos ahora!

DRAMA SANADOR

En lugar tranquilo, con el esposo(a), hijo(a), amigo conforme la pareja para la actuación. Ubique una vela encendida en el centro de mesa circular cubierta de mantel blanco. La llama debe estar a nivel de los ojos, sin perturbar la visión. En forma alterna leen primero el procedimiento a seguir, aclaran, comentan detalles. Haga su relajación usual, ore en silencio por conocidos, desconocidos sean niños, ancianas, presos, hospitalizados; por la iluminación del mundo.

Sin palabras, visualice náufragos en el mar auxiliados por agentes migratorios; mineros salvados de oscuros túneles; heridos en una calle por el estallido de bombas terroristas; nacimiento de un niño en el suburbio de una gran ciudad; mujer golpeada por su esposo.

Visualizar similares escenarios debe siempre preceder todo intento de alcanzar la revelación divina. Es imposible elevar vuelo individual sin antes orar, pedir ayuda universal a los hermanos en necesidad de consuelo, alivio y esperanza para variadas situaciones.

Observe la llama de la vela, cierre los ojos, vuelva abrirlos al extinguirse la imagen de la misma en su retina; repita por dos veces. Acomode su posición final en el asiento, en lo posible procure quedarse quieta. Cierre los ojos con suavidad; al bajar los párpados, sienta cálida energía cubriendo su cuerpo hasta los pies. Sea consciente de su respiración por breve tiempo, alrededor de un minuto. En su interior pronuncie *Abbá, Abbá, Abbá,* padre y madre de la humanidad Vaya en ritmo con su aspiración, expiración por otro minuto. Olvide la toma de aire, sienta sólo la vibración de los tres vocablos sintiéndose(a) reconocido por Dios. Agradezca a la divinidad por la oportunidad de la vivencia actual; ayuda por recibir, por entregar. Abra en forma lenta sus ojos. Sonría. Ubique la vela a la derecha.

SUELTE CARGAS NEGATIVAS.

Mire a los ojos de su pareja, tome las manos con suavidad, diga, *"Te amamos,"* haga un recuento verbal de aspectos negativos desde ahora hacia atrás en su vida. Incluya sentimientos de soledad, angustia, pesimismo, indolencia, vicios, debilidades, decepciones, amarguras, traiciones. Sin comentar aspectos íntimos, enúncielos en tiempo pasado, estuve, fui o similares. En las primeras meditaciones haga una lista breve, incluyendo en su conjunto las más relevantes. Al finalizar, cierran los ojos, pronuncian el previo nombre bíblico de Dios, con el mayor ritmo posible. Abren los ojos, el otro participante verbaliza su lista de azaroso pasado. El siguiente ejemplo ilustra el proceso: *"Fui muy crítico, soberbio en mi trabajo; no ayudé al amigo fracasado; fui bebedor empedernido; no acompañé con cariño a mis hijos; fui insensible con mi abuela; no pagué deudas* económicas; hice trampas para conseguir mis títulos en el estudio; siempre me cayó mal mi hermano(a)." Colocan la luz en el centro, cada uno escribe una lista adicional de eventos turbios, incluidos los íntimos; se toman las manos, dan gracias, queman los papeles.

LO POSITIVO

Vayan por el mismo proceso relatando ahora su lealtad, optimismo, compasión, generosidad, gratitud altruismo, creyentes en la divinidad. Usan la palabra, "Soy," evitando el "Tengo." "Soy constante en la búsqueda de la superación, sincero en la amistad, amante de la familia, disponible para el necesitado." Observe el Lector la narrativa impersonal, evitando el uso de posesivos, "Mi búsqueda, mi familia." Entonan tres veces Aleluya, anotan sus cualidades, incluyen las no mencionadas, las queman en ofrenda divina.

ADELANTE LA ARMONIA

Cada uno realiza movimientos de calentamiento, levantan brazos, piernas, mueven al máximo el tronco hacia la derecha e izquierda, brincan y al caer pisan con fuerza el suelo; al brincar sienten liberación del piso, elevación hacia el cielo. En caso de limitaciones físicas, sólo contrae y relaja en forma pasiva músculos de la frente, labios, orejas, cuello, tórax, abdomen, muslo, pantorrilla; si es posible incluya, movimientos circulares de manos y pies. Breve pausa para realizar gestos trágicos, cómicos, ruidos burdos durante tres minutos. Similar tiempo para movimientos rítmicos, suaves, graciosos, armónicos. En cambiantes momentos actúan en pareja, mostrando el uno al otro los respectivos gestos. Al final, adoptan postura suave, relajada, en silencio repiten tres veces, Santo!

EL LLANTO LIMPIA

De nuevo frente a su pareja, sentados, relajados realizan varias inspiraciones en silencio, soltando el aire con fuerza y ruido, comprimiendo al máximo el abdomen. Quien hace el ejercicio puede variar su mirada, mientras su pareja mantiene fija la mirada en la cara del otro. Del ahora hacia atrás, recuerda en silencio episodios de dolor, tristeza, muerte de familiares, amigos, catástrofes, separaciones, severas enfermedades, traiciones. El énfasis del recuerdo es en las emociones experimentadas, menos en el aspecto mental. Cambio de roles, entonan tres veces AUM.

LA SONRISA SUBLIMA

El mismo proceso anterior centrado en sentir de nuevo la felicidad, alegría de ocasiones agradables. En silencio, en forma alterna rememoran sensaciones de eventos notables, nacimientos, triunfos, bodas, encuentros notables. Finalizan tomados de la mano, en círculo, cada uno agradece a su manera, clausuran con rítmico Abbá, disfrutan alimentos ofrecidos por amigos o familiares.

Al ganar habilidad organicen grupos de dos parejas en dos mesas circulares bien separadas para evitar distracción por ruido. Al existir dolor intenso, dudas de hacerla frente a otra persona, haga la meditación en voz alta, descartando usar espejos. Su catarsis interna, personal menos eficaz a la actividad en pareja, es paso inicial para sanar, abrir canales de comunicación requeridos en su apertura al mundo interior. Superada dicha etapa, amplíe los efectos al hacerlo en pareja, *"Médico, cúrate a ti mismo,"* es básico para iniciar acciones nobles con los demás, lo cual potencia la paz interna. Persista en su auto descubrimiento.

RENOVADA ALIANZA

En Angelical Danza, tres mensajeros divinos
Testimonian integración de la Visión Unitaria
Al Corazón Espiritual para ascender en espiral
E iniciar renovada misión.

DANZA ANGELICAL

Caminaba solitario desde la orilla de un riachuelo hacia cercana montaña. Enjambre de golondrinas volaba en ritmo avisando posible lluvia. Me sentía oprimido entre tristeza, alegría con mente agitada entre duda, certeza. Al ascender empinada cuesta, recordaba la inspiración recibida por muchos buscadores en místicas montañas. Igual ha de ser conmigo, quizás, no lo merezca, pero la misericordia divina supera en mucho mi sentir –pensé- antes de orar y meditar. Recostado sobre grueso tallo de hermoso roble, majestuosa neblina delineaba siluetas estimulando el siguiente diálogo:

"Saludos en nombre del Señor; sentimos tu solicitud de apoyo, orientación en tu transitar. Henos aquí, te oímos."
"Siento mi pasado pleno de errores, oprobios contra los demás, por supuesto contra mi mismo. Quisiera retornar, borrar las fallas, ganar certeza de no repetir en el futuro. Cómo disolver las cadenas de los opuestos; he oído de sus poderes, me podéis liberar?"

"Convierte la palabra ayu-da, en dar-ayuda; graba en tu corazón: recibir amerita primero dar. No hay poderes para regresar al pasado, borrar, enmendar faltas cometidas. La certeza no se guarda para lo venidero, se aproximan a ella por conjunto de acciones, sin adquirirla por completo. Se percibe en cálido ambiente dando al marinero la seguridad al navegar en agitadas aguas. Por ello, siempre apacigua en tu interior los opuestos de tristeza-alegría, duda-certeza despertando la confianza en lo divino. Dormidos poderes se han de levantar en cálido torbellino dentro de ti mismo.

Repiten frases sin internalizar velada orientación. Singulares avanzados explican en diversa forma el axioma: "Como arriba es abajo; como abajo es arriba". El corazón físico con sus ríos de sangre envía oxígeno, nutrientes a las células;

es la fuente del cariño (2) a semejantes. Arriba del querer hay el verdadero amor, fuente del perdón, contrición y servicio. La mente concreta, asentada en el cerebro, batalla entre contradicciones, consume vitalidad sin aceptar el cálido manto de la mente abstracta. Descubrid en dicho mensaje la vía sagrada del retorno de tu esencia hacia lo absoluto, más allá de leyes humanas y lucha con opuestos."

"Hablas con mucho ahorro de palabras. Amplía, por favor, la diferencia entre querer y amar." *"El querer centrado en la propia persona, es posesivo, dominante, muy variable entre repulsión y atracción. El amor, libre de antipatía, centrado primero en los demás, agrega a los actos buenos, la calidez de concordia, solidaridad para todos los seres. Centrado al principio en padres e hijos se expande y madura hacia todos los seres incluyendo el sacrificio, creando un ala del ave fénix en retorno celestial."*

"Pareces no confiar mucho en la mente, cuál ha de ser el principal apoyo?" *"En términos de madurez vuestra mente es todavía adolescente; caballo recién alejado de llanuras con mínima obediencia a sutiles riendas del espíritu. El lado negativo de la mente racional introduce dudas, celos, temores, fríamente enjuicia, castiga con violencia, maltrato a seres antes queridos. El amor universal cubierto de aspecto mental positivo, la otra ala del fénix, conecta al mundo abstracto, donde el comando del espíritu, es posible. Leyendas sobre caballos alados, unicornios a cuyo paso aparecen jardines son alegorías a dicho cambio con el espíritu prevalente sobre el cuerpo. Os agradan gráficas ilustraciones; imaginad al espíritu vuestro centrado en el corazón, dirigiendo vuestra mente, emociones y actos.*

"Cómo podemos contactarnos de nuevo?" *"Con vuestra imaginación, empujad la puerta del templo para entrar. Las claves son útiles, te sugerimos tres toques sobre tu corazón.*

Al principio, en el silencio de ahora; luego, en cualquier ambiente. Siempre somos disponibles."

La niebla se disipó lentamente, no creo haber dormido. Suspiré lentamente el aire cálido, la espuma del riachuelo se alejaba, sentí mis pies sobre la tierra húmeda. *Correr de la espuma, tierra húmeda, me dije: "Mezcla de aire-agua, tierra-agua; el fuego sagrado estaba ahora figurado por el ave fénix única en resistir la tentación en el edén, en renacer de las cenizas; dando en casi todas las culturas, similar mensaje de esperanza, resurrección e inmortalidad."* Recordaba la enseñanza en mi cristiano hogar sobre los tres toques en el pecho; tenían ahora divino apoyo. Al repetirlos, prometí, *"Voy a entregar actos nobles a los seres conocidos sin interesar color, raza, país, ni credo alguno. Voy a cuidar de animales, vegetales, no volveré a contaminar la natura. Si, lo hago sin más llanto del pasado, sin esperar al futuro. Es promesa sagrada."*
En el horizonte cercano, sentía, veía revolotear la neblina en rítmicos movimientos. Percibí la danza celestial de los guías al oír, apoyar la promesa hecha; gané sutil fuerza, algún día también podría caminar sobre el viento! Me alejé en rítmicos pasos. Alegres, curiosos caminantes se unieron a la danza.

CORAZON ESPIRITUAL

*E*n el plano físico, el corazón juega papel crucial de impulsar a la periferia flujo sanguíneo, oxigeno, nutrientes esenciales. Sinónimo de vida, amor, escuelas místicas lo consideran templo del ego, con preciosa gema buscada por ambiciosos aventureros en extraños paraísos. *"Ebrios de poder, buscan afuera el tesoro escondido en su propio corazón,"* enseña antiguo adagio. Simboliza para muchos autores el derrotero del medio, al integrar ideas, emociones. Salomón frente a la oferta divina, *"Pide tu deseo,"* recibe sabio corazón para dirigir su pueblo. En su vértice inferior, en el código etérico, se graban todas los aconteceres de la actual existencia; arrastrado por el espíritu al desencarnar, su decodificación en el Pueblo Cenizo revela primero errores, faltas; luego, virtudes en la catarsis post mortem. Al reencarnar, el espíritu arrastra renovado código etérico con sagrados acuerdos por cumplir en nueva misión. Visualice con imaginación creativa.

Abrace talento, sensibilidad para cultivar latentes dones artísticos en música, pintura, poesía, danza, abriendo puertas de su corazón al solitario ser atado en pragmáticos logros. Fomenta así, sublime recepción a nuevos avances.

Variados textos orientales revelan en el Kundalini, *"serpiente enroscada,"* fuerza cósmica dormida en la base de la espina dorsal, la cual nutre interno árbol de la vida. Su descripción es profunda en textos Bédicos, Tántricos. Moisés la apreció en forma de zarza ardiendo. Durante el éxodo, los Israelitas perdieron su fe y fueron diezmados por feroces serpientes. *"Dios le ordenó esculpir una serpiente de bronce en un asta, cuando alguien era picado, miraba a la serpiente de bronce, y vivía."* Nu: 21 9. Juan establece la relación con Jesús:" *Y Moisés levantó la serpiente en el desierto; así es necesario levantar al Hijo del Hombre; para salvar a todo creyente en El y merezca vida eterna."* 3:14-15. El Buda habló de la vía del medio, al practicar ocho virtudes para adquirir el Nirvana, refiriéndose al canal central (sushumna) por donde asciende el Kundalini, con sagradas influencias.

Hemos relatado varios aspectos de la vida superior, celestial mencionando entre otros, la revelación, protección angelical. Simbolizados en rayos de luz violeta y blanca por gracia divina descienden hacia el corazón. La meditación, *"corazón espiritual,"* activa en dicho órgano, la fuerza del fuego ardiente dormida en el sacro con la iluminación, revelación inmersas en luminosos rayos. Emerge así, interior *"templo etérico,"* simbólica imagen del santuario divino. Cordial recuerdo a los Avanzados en lo espiritual, es crucial soporte metafísico referido en varias culturas, religiones útiles para los principiantes. Sin otras premisas, vamos a la práctica.

Ore en silencio, solicite permiso, faro para meditar. La mejor posición es sentada sin apoyar su espalda, manos hacia arriba, extendidas sobre muslos, pies cruzados sin medias. En silencio, con mínimas palabras interiores, sea conciente de la respiración: El fuego ardiente asciende al inspirar es depositado en el corazón al expirar. Luego, al inspirar de nuevo, captamos los rayos divinos, al expirar suavemente los depositamos en el corazón. En sutil eco, pronunciamos Amén, o si prefiere, Así sea. Incorpore el nombre de Jesús en la meditación: *Je* al inspirar, *sus* al expirar

En su vida diaria al comenzar variadas actividades, al encontrarse con alguien, iniciar un proyecto, caminar en un parque, use la forma abreviada de un solo tiempo: Al inspirar fuego ardiente y rayos de luz llegan a la altura del corazón, al expirar lo llenan a plenitud. Es el respiro cósmico equivalente al *"Hola," "Buenos días,"* de la cortesía terrestre. Ha de ganar la percepción de ser mensajero de mundos superiores, cambios sutiles han de alinear comportamiento, pensar, sentir con la fuerza creativa del mundo al cual realmente pertenecemos. En celestial morada imposible agregar otras explicaciones.

Conserve la manera de meditar por un tiempo razonable, luego ajuste según valiosos adelantos, nuevo conocimiento. Sugerimos comentar avances en lo espiritual sólo en grupos pertinentes, aun cuando lo mejor es dejarlos en nuestro silencio interior. Gane destreza interior con la meditación vertical desde la base de la columna hasta el encuentro con rayo divino en el corazón espiritual, nexo entre lo mundano y lo celestial. Practique concentración en el renovado órgano.

VISION UNITARIA

Somos testigos del sufrimiento de migrantes de pueblos pobres, de victimas del terrorismo ansiosos de solvencia, seguridad. Implica dejar seres queridos, correr riesgos, acatar nuevas leyes y procedimientos. Por mucho tiempo añoran su tierra natal, luchan por adaptación a nuevo ambiente. La base de tal segregación, visual separatista, resalta el color de la piel, país de origen, idioma, cultura, los cuales aumentados por la discriminación, impiden apreciar al ser humano frente a nosotros. Elevar la visual hacia el individuo, bajando atención en aspectos laterales de raza, procedencia, cultura elevan vibración interna, evitan muchos de los atropellos a hermanos procedentes de otros países.

Cruel violencia contra mujeres, inclemente discrimina oportunidades educativas, laborales. De nuevo, la dicotomía mujer, hombre oscurece radiante ser predominante en cada sexo. El trato igualitario, independiente del sexo, integra armónica conexión a niveles supra humanos.

El estigma social del abuso infantil, inexistente entre animales, indigna al ser consciente, siembra tenebrosas huellas en la victima. Si frente a cada niño(a) visualizamos al tierno ser en el hogar, a los propios hijos, base del futuro de la sociedad nos inclinaríamos a protegerlos, a cuidarlos.

La violencia racial superada en gran parte, aun perfila sutil desbalance educativo, laboral social. Históricos relatos de dicha opresión narran increíble crueldad, propia de la visión miope, parcial del hombre corriente, fragmentado.

Inocentes, ingenuos pueblos divididos en izquierda, centro y derecha, apoyan egoístas partidos políticos, bien llamados así, por cruel ambición de partir, quebrar logros del común bienestar. Es humana la discordancia, lucha, oposición frente a la selección de líderes temporales; sin embargo, el control y supervisión de su comportamiento en el logro de las promesas debiera unir, integrar de nuevo a la población, en lugar de continuar fragmentada por ilusorios detalles. En el esfuerzo, la visión centrada es la comunidad primando sobre el apoyo incondicional a cabecillas de oficio.

Guerras religiosas, inquisición, cruzadas invocan dioses guerreros en cada bando. En frágil discriminación, es factible todavía escuchar en templos, santuarios, *"Señor, protege a nuestros militares en difíciles asignaciones!"* La visual fragmentada aumenta dicotomía, diferencias en la percepción divina creando varios dioses según regiones. Al visualizarnos seres espirituales, diversas flores de un solo jardín, migrantes hacia nuestro real origen, apreciamos más similitudes, toleramos diferencias en pro de la convivencia.

Guiados por los cinco sentidos en el mundo físico, por lo sico emotivo en el mundo de la *forma* nos debatimos en opuestos, separatividad, discriminación creando conflicto, sufrimiento. Al superar dicha fragmentación, centrados en lo unitario del ser humano individual, colectivo, activamos *fuerza* vibratoria; armónicos contactamos lo divino. La tendencia aisladora, separatista se manifiesta en contra de familiares, personas cercanas. *"No puedo tolerar a mi hermano," "Los primos son fastidiosos,"* explícita negatividad interior lesiva para su integral desarrollo, amerita asesoría profesional. Con su propio esfuerzo y dicha orientación elimine aspectos mórbidos, haga énfasis en bondades; Buen despegue a la tolerancia, es la aceptación de *"Nadie es perfecto, todos somos aprendices"* La visión centrada en el ser humano sin distingo de nacionalidad, raza, sexo, edad, cultura, religión, tendencia política; elimina dualidad separatividad en planos inferiores.

Estamos listos para el mandato divino, *"Ama a los demás, como a ti mismo,"* En efecto, amar centrados en revitalizado ser, equivale al *amor integral,* sin exclusión ni daño a semejantes. Por ello primero debemos desarrollar visión integral, luego amar eliminando sufrimiento, dolor. Amar primero, con visión fragmentada, unilateral impulsa olas fatídicas de temor, dudas, decepción, menosprecio; a nivel colectivo, han suscitado terror, miseria, masacre en nuestra historia. Amar a padres, familiares, empleadores, dirigentes, ciudadanos del mundo, a la misma naturaleza global elimina mundanal cadena, promueve gradual, positivo ascenso.

Al practicar, difundir la visión unitaria, renunciamos rutinario deambular en la periferia; finaliza largo recorrido por rutas externas, comienza el peregrinaje interior. Al depositar amor universal (1) en interno templo del corazón, regresamos al punto central de nuestra esencia; somos uno en la Unidad, ganamos armonía alejamos sufrimiento, angustia, ataduras a contradicciones terrenales.

ESPIRAL ASCENDENTE

"Como dicen en la tierra, es tiempo de atar cabos, llegar a la esencia de la luz, la verdad en la senda. Al combinar visión unitaria y corazón espiritual habéis roto el deambular en la forma, la periferia, lo externo. Romper el círculo, regresar al centro, significa compartir la divinidad al encontrarse vuestra circunferencia en ninguna parte. Sólo Dios tiene al mismo tiempo su centro en todas partes.

Recordad la llegada al mundo terrenal ilustrada por el punto central en página blanca, el recorrido por el radio, logros por la circunferencia. Vuestra vida ha de transcurrir en diversos roles de hijos, madres, amigos, profesionales entre otros. Conforman las ruedas kármicas, arrastradas por el darma en vuestro carruaje de la actual encarnación. Alegraos, romper el círculo, retornar a la unidad tiene el efecto cósmico de actualizar carruaje al suspender ataduras de anteriores vidas. Lo esencial ahora permanecer en la unidad, libres de la dicotomía sin actos ni consecuencias negativas superando vuestro deambular por el cuaternario, vuestra cruz de brazos iguales en el círculo.

Ser uno con la Unidad, no es al azar (28). Es fruto de abandonar vicios, errores; cancelar tristeza, decepciones; cultivar intuición e imaginación creativa; practicar el bien sin esperar retorno alguno; todo en oferta a la divinidad. Adviene por la perseverancia, humildad, palabra armónica, amor universal. Responde a la búsqueda en libros sagrados, confianza en celestiales seres, bondadosa oración universal, intensa meditación y contemplación impersonal.

Retornar a la unidad refuerza la túnica celestial para cumplir nueva misión en calidad de agentes divinos, sacerdotes de la orden de Melquisidec, de Jesús. La compañía divina incorpora la iluminación vertical en el etérico templo, el tiempo del Señor. Físico contacto del plano horizontal se amplía en espiral ascendente, más allá de lo tridimensional.

Vuestra labor trasciende ahora el retorno personal a lo divino por el compromiso colectivo de orientar, guiar a otros. En igual sentido, la compañía individual del Angel de la Guarda se magnifica con el auxilio de Arcángeles para renovada información, apoyo en las relaciones con los semejantes. Mahael (Miguel) maestro de la belleza ha de impulsar armonía en vuestros contactos. Un Serafín con carbones encendidos en tus labios purifica la comunicación. El celestial trío del viaje en espiral; ha generado con su protegido de turno, hermosas historias de los cuatro caminantes en búsqueda de la primera aurora. No has de ser excepción, te la presentamos a continuación. Adelante."

Aplique abstracto énfasis en el aprendizaje. En la siguiente narrativa, expanda dicho nivel: *Misteriosa vida* oculta lo simple

ISLA DIAMANTINA

Urí regresa de largo viaje para cumplir promesa de compartir eventos con tres amigos del alma. Retornar por barco ha sido lento, reflexivo sobre su inmediato pasado. Aislado de otros viajeros, aprecia tierno contacto entre olas y el cielo azul en lejano horizonte. El balanceo de la mecedora, cálida brisa en su cuerpo, revive pasadas escenas de su vida: militar a sueldo castigando inocentes; violencia al explotar mujeres, menores de edad; constante acecho protegiendo tiranos de oficio. Supo ahorrar, disfrutar de relativa fortuna; en medio de pesadillas, surgía promesa de reparar sin remordimiento ni pena por actos lesivos.

En el puerto anuncian demora en el arribo del barco. Rafa sugirió rentar una habitación conjunta para compartir el gasto. Siempre era el primero en tomar las decisiones del grupo al ser muy pragmático, organizado en su manera de pensar. Empedernido lector, familiarizado con diversas teorías confía en propiedades curativas de plantas, poder de los colores, energía piramidal y de cristales, beneficio de sahumerios, era especie de brujo sanador Hábil para dividir el trabajo, parecía decir por dentro: *"Soy la mente, ustedes son el estómago!"* Calculador, frío, cauto siempre anticipaba a los compañeros para indicar las acciones a seguir.

Gabi y Dani esperaban el atardecer a la orilla del mar. Fácil conversar durante largos períodos sobre temas corrientes, suaves sin el mental esfuerzo, propio de Rafa. Claro, Dani aportaba sensualidad, coquetería, cumplía promesa de evitar relaciones sentimentales con sus amigos. Nunca había comentado sobre amarga niñez abusada por el padrastro, forzada estancia en un prostíbulo hasta escapar de un hospital al ser atendida por un aborto provocado. Monjas enfermeras la protegieron en un templo donde aprende a cultivar la tierra con especial dedicación al diseño de ramos florales, de lo cual deriva buenos ingresos. Gabi, soñador empedernido, conoce la mayoría de fábulas, mitos, leyendas; interpreta sueños, lee la palma de las manos, afirma pronosticar el futuro. Siempre ilusionado confía en la llegada de majestuoso cambio en su vida. Rígidos padres forzaron aislada niñez, agitada juventud para vivir sumergido en fantasías de mundos ilusorios, también escapa de confuso delirio entre lo verdadero y lo falso. El reencuentro del nuevo rico, tenaz organizador, volátil soñador, sensual florista, todos emergiendo de obstáculos, era inminente.

TENSION EN LA MAREA

Dos barcos anclados en la bahía anunciaban crecientes rumores de peligro confirmados por la mayor presencia de uniformados. Al parecer, tampoco hoy estaríamos juntos con Urí. Decidimos ir a la montaña cercana, al viejo templo donde ahora un monje recién llegado explicaba la vida.

"Dinos, Rafa, qué sabes? preguntó Dani en el trayecto. *"Hay rumores de posibles atentados y barcos con material bélico para distribuir en la región Por mi parte mandaría a matar a los violentos."* "Todos merecemos nuevas oportunidades, sanar errores, cambiar el rumbo de la vida; anhelo saber más al respecto, con agrado me dedicaría a tal propósito," comentó Gabi. La compañera agregó, *"Te acompaño en dicha búsqueda."*

Cerca del monje, sin interrumpir escucharon: *"El fuego consume el aire, evapora el agua, vuelve la madera en cenizas. La llama violeta dentro del fuego simboliza la energía divina capaz de trasmutar todas las caídas, errores, oprobios del ser humano. En silencio, caminen por el círculo de la fogata arrojando lentamente sus pasados desvíos, pidan perdón, sientan la gracia divina."* Finalizada la ceremonia; en silencio esperamos comentarios. Alguien preguntó sobre la posible violencia en la isla, si debemos perdonarlos, defendernos. *"La justicia social es aplicada por grupos autorizados al respecto; puede ser demorada e inclusive errática pero es un procedimiento de grupo, no de la iniciativa particular. La misericordia por el contrario, emerge del corazón individual impregnado de amor compasivo. Si al capturar violentos hubiese entre ellos hermana, amigo vuestro con seguridad pedirás clemencia al aplicar las respectivas leyes. Si vemos a los caídos en calidad de hermanos, habrá mayor energía redentora en el universo y cual lluvia refrescante ha de calmar los seres sin interesar su bondad o maldad."*

Reunidos en el mirador hacia al mar, Dani quebró el silencio: *"Reflexionemos sobre la postura del Monje. Imagino, hay variadas formas de violencia, terrorismo: lucha contra la pobreza, adquirir el poder, por el triunfo religioso, pero creo, rechazo de plano agredir a otras personas; la vía pacífica es la opción recomendable. Qué piensas, Rafa?"* *"Consideramos normal matar animales para conseguir alimento; igual, disfrutamos de su cautiverio en zoológicos; toleramos indolente tráfico de pieles en el diseño de extravagante ropaje. A pesar de la crueldad al quitar el anzuelo de la boca del pez, al cazar animales, en general, no percibimos violencia en tales actos. En la guerra declarada de dos bandos, enfrentados en el campo de batalla, se habla por el contrario del valor, heroísmo en la lucha. Aun el uso de armas a distancia no respeta hoy en día familias, niños, ancianos, victimas inocentes de la contienda. Grupos armados, inclusive terroristas son héroes en la población gobernada por cuestionados líderes; son por igual, enemigos sanguinarios de quienes ostentan el poder. Por supuesto, en la mitad hay mercenarios, traficantes de armas, para quienes la paz significa la pérdida de su negocio. Hemos superado en cierta forma la época de las colonias, de la inquisición, demasiada ha sido la sangre derramada en el proceso de esclavitud, libertad. Enormes intereses económicos, de poder sobre tecnología bélica en desarrollo hacen muy complejo analizar las acciones de grupos en conflicto. Claro, víctimas inocentes, ni siquiera activas en la contienda son inaceptables. Si, debemos reflexionar, abandonar pasiva actitud, pero no me llegan sugerencias al respecto, no enciendo mi linterna. "Bravo, admirable has hablado, dice la vieja poesía de fin de año!* Exclamó Gabi: *"La ambición por el poder económico, político con la soberbia del egoísmo generan oleadas de violencia no evitables con racionales enseñanzas. El discurso y meditación en el fuego divino sugeridos por el monje ilustran nuevo aprendizaje, ajustes en el actuar, enseñanzas por difundir, sin más ideas pongo mi voluntad en dicha tendencia."* Movimiento de tropa, declaración del toque de queda suspendieron el tema.

Por la noche, en relativa calma, supimos de un intento para derrocar el gobierno local; habían capturado los posibles autores, buscaban los financiadores. Alejados de noticias, alrededor de la chimenea, en silencio, revisamos el tema de la violencia buscando consenso del grupo.

REENCUENTRO

*A*legres, desayunamos en la playa después de larga espera por la revisión de documentos y maletas de Urí. Actualizado sobre el tema por analizar, sobre el Monje, si estaríamos de acuerdo en hacer algo; no mostró gran interés, optó por narrar algo de sus viajes: *"Tuve mucha suerte al unirme a grandes empresarios en actividades sencillas cuidando hijos y familiares, limpiando propiedades, organizando agendas de trabajo. Logré ahorrar cuantiosa fortuna al no tener gastos y conservar enormes propinas por tareas especiales. Mucha rutina, vida fácil, nada en especial para detallar. Vamos donde el Monje, parece interesante."* En la cabeza de Dani se repetía con fuerza, en silencio: "*Si, Ustedes sólo saben de mi vida en el templo, de mi habilidad con las plantas, flores. No voy a explorar sobre su pasado; quizás como yo, quiere olvidar, trascender. Sospecho, en el circo de la vida, debo creer la mitad de lo oído"* Lograron cita especial, cada uno se preparó a su manera.

"*Estáis curiosos por la violencia humana, queréis hacer algo novedoso en vuestras vidas. Practicad el amor a todos los seres, en especial a quienes la corriente de vida os pone en contacto, a quienes en una u otra forma solicitan compasión. El ser humano sufre de gran noche interior, esconde faltas en pesadillas; por mucho tiempo carga su propio rosario. El amor, el servicio iluminan cada ser, promueven fabuloso encuentro con su real espíritu, más allá de la satisfacción, de la recompensa por actuar bien. La actitud amorosa indaga mucho sobre Qué necesitas? poco, casi nada sobre, Quién eres? En especial, acompañen (29) a solitarios caminantes acumulando veneno en su interior con la posibilidad de convertirse en verdugo de los demás e inclusive auto destruirse en ataques suicidas.*"

"Pero necesitamos saber quien se acerca a nosotros, conocer su pasado, en cierta forma asegurarnos si es enemigo, posible traidor," anotó Urí. "*Sólo el Altísimo lee, interpreta el corazón humano sin errores; nosotros, siempre estaremos sesgados. De nuevo, si en la vida alguien se te aproxima, es gran oportunidad de actuar sin discriminar con juicios parciales, impresión prematura, por lo general, errónea; abres paso a la armonía, a la eternidad. Si de alguna manera te informas sobre un secreto íntimo de alguien, antes de opinar, juzgar promete ser tan respetuoso con la intimidad ajena, como esperarías fueran con la tuya.*"

"Es obvia la necesidad de leer al respecto, quizás participar en cursos, buscar asesoría profesional," aportó Rafa.

"Permanente lectura de variadas fuentes, comentar en grupos pequeños, es aconsejable pero no suficiente; adopten su propia oración diaria, meditación; incorporen amoroso servicio; sin abandonar la búsqueda externa, inauguren endógena brújula; abran su corazón a lo divino," agregó el Monje.

Luego de breve diálogo en el hotel acordamos permanecer en la isla, rentar una casa grande; abrir una librería invitando expertos, ofrecer servicio a la comunidad. Asignamos varias tareas; nos sentimos bien por el esfuerzo a realizar.

Aprobamos coordinación rotatoria trimestral sin director permanente; los participantes aportarían temas, preguntas; sin adherencia a ninguna religión, optamos por un grupo asesor con múltiples, universales tendencias. Los mismos podrían aportar conferencias sin hacer proselitismo. Los sábados habría comida gratuita incluyendo actos artísticos breves. Decidimos esperar para definir formas de mejorar el ingreso económico personal, familiar, de grupos urgidos de apoyo. Acordamos presentar y consultar al Monje, elegir el nombre del grupo con ansiedad por iniciar actividades.

"¡Esencial anhelo de acompañar a los demás en el rencuentro del ser con internos potenciales es la clave misteriosa del gran cambio! En el fondo, el propósito es conectar en forma ascendente una fase con otra; construir una grada al firmamento; itinerario flexible; ampliar rutas, rumbos, panoramas. La meta inicial es entrar a cielos cercanos a lo humano, por ello los símbolos de puerta del sol, ventana sin marco, espiral ascendente han sido usados con frecuencia. La cima de la montaña en un velo de nube simboliza también despedida a lo terrenal. Es universal el uso de colores violeta, azul, blanco, rojo o amarillo en las ilustraciones anteriores. Igual, el uso de palabras sagradas, Aleluya, Santo, Ven Señor, Así Sea son invocaciones

poderosas. En el periodo inicial de vuestra empresa cada uno debe meditar en los símbolos mencionados, en los colores, el cántico de palabras sagradas. Pronto, revelación, iluminación harán llegar mensajes, iniciar misiones para aclarar vuestro propósito. El proceso humano de planear, organizar en discreto control es bien recibido, pero al final lo soltamos en ofrenda a la Divinidad para ser podado por seres celestiales y asegurar buenos frutos. Esperamos pronto vuestras reflexiones. La Luz os guíe. Amén."

TORMENTA INTERIOR

"En realidad, me agrada la forma de hablar del Monje, decía Urí, pero creo nos vamos a complicar mucho. Veo las cosas más sencillas: Por ahora, disponemos de mi fortuna para hacer lo convenido; debemos pensar en un mecanismo financiero permanente; iniciamos las actividades de lectura, promoción del arte, donaciones a grupos prioritarios, luego cada quien sigue su vida de la mejor manera. Nosotros, también arreglamos nuestras vidas y listo. Puerta abierta, cerrada, ventana del alma; itinerario, grada, espiral; colores, palabras sagradas, mágica brújula me dan lo mismo. La entrada a los cielos, creo en ellos, después de la muerte; el resto es buena intención sedante de problemas. Ayudemos, defendamos lo nuestro sin lesionar a los demás; listos, vamos al grano."

"Oye Urí, dijo Dani, eleva tu imaginación, acaso podemos adelantar la salida del sol; has visto caminar una emoción, un pensamiento por la playa? No, verdad? Incapaz de verlos, tampoco puedes negar su existencia; igual, por ahora no percibimos símbolos, recados superiores descritos por el Monje. Resuenan en mi mente dos palabras de tu inspiración: defender, ayudar. Antes de continuar, recuerdo nuestro primer encuentro hace tres años, en la sala del hospital, todos convalecientes: Urí de heridas en accidente

de carro (en realidad, atentado homicida); Gabi de intento suicida; Rafa liberado de su trastorno mental; yo misma, saliendo de infección peritoneal (para su interior, aborto provocado.) Requeríamos de urgente sanación más allá de lo material en medicinas, dinero, en especie. Nos fue dada en grupo por un sacerdote; desde entonces, guardamos fraternal vínculo. Fuimos protegidos, defendidos en forma milagrosa de algo en común registrado en nuestro pasado lejano o inmediato. Asimilo la propuesta de beneficiar grupos, defender lo nuestro más allá del vacío presentado por Urí, en silenciosa inspiración abrazando nuestros corazones para reparar. Amigos, creo de alguna manera estamos conectados, como dice el Monje, a una fuerza sutil, superior, más allá de lo normal. Debemos profundizar, actuar en consecuencia."

"He sentido terrible soledad, depresión, desamor capaces de rechazar la hermosa oferta percibida ahora, comenta Gabi. *En mis sueños lucho con seres extraños, deformes, especie de monstruos; escapo, siempre me atrapan de nuevo o me escondo en cuevas vigiladas por ellos. Les confieso, en renovada oración incluyendo los símbolos, colores, sonidos sugeridos por el Monje, ha llegado increíble, hermoso cambio de los sueños con mayor luz, armonía! Cada vez más renovado, me alejo sin luchar contra ellos, inclusive sin temor, los miro lejanos en gran paz interior. Tengo la corazonada de estar unidos por algo más allá del simple dar, como si ahora quitáramos el velo de imágenes grabadas hace tiempo. Si, debemos evitar toda forma de violencia, cuidar a otros más allá de la pobreza, sin apego a logros pasajeros en el umbral de cielos cercanos."*

"Saben de mi tránsito por oscuro laberinto más allá de la demencia. Tremendo en la recuperación inicial, conservar sólo fragmentos de memoria; todavía dudar, es realidad, es ilusorio?" decía Rafa. *"Peor al participar, opinar, con hiriente*

mirada parecen preguntar, ya regresó otra vez? Les digo, si transité por límites inferiores, por qué no he de vivenciar límites superiores, cercanos a las estrellas? Te digo, Urí, sí hay conexiones con otros mundos, oleadas de vidas superiores; quizás diferentes según desarrollo, tendencia sico emotiva de cada uno, pero las hay. Soltémonos a la fuerza de la vida, sin tanto control ni bloqueo, aferrémonos a la inspiración disponible para todos. Así Sea.

MONOLOGO DE DANI

*H*ubo reunión de directivas de las monjas para solicitar la participación de Dani en un grupo de voluntarias en misión al cercano continente. *"Preciso ahora con el interesante proyecto por realizar! Ahora recuerdo monjas enviadas a eventos especiales sin nunca regresar; parecen recibir entrenamiento, practicar en otros sitios. No, no, aquí aprenden, practican al mismo tiempo para luego vivir en variados sitios. Si, ya no usan hábitos e inclusive se portan muy femeninas. Hum! Mi capacidad de observación ha sido mínima por estar concentrada en viejos desastres, tapando mi tristeza. Sin embargo, he ganado confianza, me siento igual en el grupo de los varones, puedo cantar a la vida; percibo lenta transformación sin mucha lógica ni pensadera como le acontece a Gabi. Es curioso, sin aguda observación de mí alrededor, sin mucho análisis he podido aligerar la carga de los errores, la noche del pasado, mencionada por el Monje. Guiar, apoyar las monjas en su nueva encomienda requiere comprender mejor mi propia vida; quizás, tener clara percepción de lo conocido con apertura a nuevos mensajes por adquirir. Hum! Pero tal orientación no ha sido la mía, dudo pueda cambiar ahora. Soy sensible al talento ajeno, más intuitiva, más ligada a la natura. Frente a la lluvia, Gabi percibe el descenso del vapor mientras yo siento el llanto purificador de los regentes de los elementales. Lógica versus ficción, diría alguien. Bueno, Rafa nos llevaría* *al sendero del medio, lo cual parecería apropiado. Requiero concentración ahora, sintonizar mis antenas, adaptarme al rol de guiar a las nuevas mujeres en su nuevo ambiente; muy esencial, ser yo misma, silencioso pago en retorno a la tarea por realizar En el convento siempre han pagado en exceso las flores para los altares lo cual me ha parecido demasiado dinero; ahora, lo veo como discreto soporte. Curioso, veo en dos actos corrientes, servir, vender la noble recompensa de superación cognitiva! Vienen las dos futuras aliadas; voy a explorar sus ideas, emociones y expectativas.*

En cordial saludo, la reunión fluyó fácil: "Parecen caídas del cielo, hablemos de las futuras actividades", comenté. *"Si, necesitamos coordinar el viaje; dinos tus ideas."* "Me solicitaron, las acompañara, conciliara detalles con Ustedes. Cuenten al respecto." Hubo cruce de miradas, gestos de sorpresa, al final brotaron risas espontáneas, abrazos entre todas. *"Nos dijeron sobre la solicitud de asistir a una comunidad con problemas de agresividad, peleas entre jóvenes, inseguridad entre ellos, homicidios e inclusive muchos suicidios. Nosotras somos voluntarias, estamos contigo para saber si ya decidiste aceptar."* "Saben afrontar semejante problemática, son idóneas al respecto, tienen una propuesta? *"Somos practicantes del amor, paz, paciencia, sentimos la equidad; podemos motivar contigo el cambio de dichos habitantes. Adelante habrá más información. Cuándo partimos?* "En tres días;" *"Nos vemos entonces!"*

Molesta había aceptado tremendo reto!. Con mis amigos enfrentamos el mismo tema en amoroso proyecto, teníamos tareas por cumplir; de súbito, dos simpáticas damas me dicen: *"Vamos a trabajar por la paz, sabemos del amor, paciencia, equidad; en el trayecto habrá mayor información!"* Rafa habría perdido su control, Urí guardaría su dinero, Gabi gozaría a plenitud. *Curiosa vida apacigua acelerado control por intervenir?.* Aceptando sin dolor, me dije: "Debo alinear, integrar mi ser; imaginé la ceremonia alrededor de la llama, sintiendo fuego interior en el corazón, quemé dudas, vacilaciones. Informaré a mis compañeros y adelante."

Temprano, reunidos los cuatro amigos, presurosa, traté de hablar, pero muy serio, Gabi tomó la iniciativa. *"Dani, algo especial ha sucedido, esperamos lo comprendas. Ayer, el monje ha solicitado dos voluntarios para acompañar a Mike, aspirante a monje, para compartir en una comunidad, amor, paz, equidad. A Urí le ha gustado la propuesta, ha optado por quedarse, adelantar varias actividades. Rafa y yo partiremos, si estás de acuerdo."* "Claro, excelente forma de ganar terreno para el anhelado proyecto; además, neutrales de quien organiza los eventos, ganamos armonía." *"El monje ha iniciado dicha actividad y..."* Suspirando en silenciosa mirada al cielo, asimilaba réplica a la anterior pregunta, *"Sí, la vida moldea tu control!"* Obvio, armonizaba perfecto con las monjas; algo, alguien nos prepara en diferente estilo para lograr noble propósito. Expulsando al máximo el aire, envié fervoroso *"Gracias a la Vida,"* Gabi me sacudía y conmovida murmuré: *"Claro, maravilloso aplicar semejante oportunidad."*

Sola, sentada en la playa, lágrimas cayendo al agua, sentí compañía de alegres ondinas, danzando al ritmo del oleaje. Su cálido adiós, abanico refrescante, insinuaba ordenar mi ser interior. *"Era difícil comprender los últimos eventos. Claro, sabemos poco de los monjes y monjas, ni menos sobre el templo en el cual habitan; debe existir gran conexión entre ellos al ser las dos comitivas similares, no sólo en propósito sino además, al ser todos los elegidos miembros de nuestro grupo. Sonriente, cavilaba en la misteriosa lección sobre el acople entre humano control y el divino propósito; errática, lo había depositado en la caja de curiosidades. Segura, voy a pulir la capacidad de observar, evitando la opacidad de frecuentes prejuicios.*

MITIGAR VIOLENCIA

Pasaron tres días navegando hasta el puerto de Typha para luego de cinco días llegar al destino en el poblado de Kava, cercano a hermosa montaña. Alojados en casa grande, supimos de la llegada de otros integrantes del grupo de apoyo. Eramos parte del programa, Alas, cuyas actividades incluían vivienda, salud, educación, arte. El coordinador hizo énfasis en la participación capacitadora era prioritaria con los residentes, a quienes se les pagaría por sus aportes. Sólo ofrecimos labores diurnas por razones de seguridad; debíamos omitir comentarios sobre los países invitados y en temas religiosos, mencionar la divinidad en términos generales, al ser todos creyentes. Especial atención era concretar futuros proyectos al disponer de fácil financiación, Cada área de trabajo, planeada en términos generales, requería adecuación con dirigentes locales. Revisando actividades antes del contacto con los nativos, decidimos invitar a profesores, estudiantes, líderes, padres para acordar temas, métodos de incentivar la educación, nuestro central tema.

"Deseo saber más de Ustedes para comprenderlas, coordinar mejor nuestras actividades." "Somos aprendices, retornamos a sitios del continente para observar, practicar, avanzar en nuestra búsqueda. Hemos disminuido la curiosidad sobre los demás, no exploramos sobre el pasado de otros, pero sabemos, cada persona debe trascender sus previas derrotas, elemento esencial al educar." "Entonces, no hay preguntas sobre mi persona, mi forma de pensar, de sentir?" "Respetamos tu forma de ser, nos concentramos más en tu fuerza interior, la cual unida a la nuestra, ha de generar formas de mutuo trabajo en la misión por cumplir. Centrarnos en nuestra común fuerza ahorra energía, armoniza procesos a seguir. "Así, no son nativas de nuestro sitio de residencia, hemos sido criadas en hogares alternos?" *"Hogar primario, alterno es forma limitante elaborada en el pasado, es unión relativa, eslabón en la grada del sendero. Has preguntado, cuál es tu verdadero hogar? Por ahora, guarda la respuesta, es para tu reflexión, luego comentamos sin establecer un ritmo de pregunta-respuesta, como si nosotras tuviéramos lo correcto para ti."* "Insisto, qué saben de mi, hagan una excepción, cuenten, por favor." *"Eres ser especial caminando con manto femenino, plena de fuerza y amor. Cual mariposa has quemado etapas oscuras, ahora preparas tu vuelo para dar alegría, servir de inspiración a otros. Es suficiente para nosotras. Por ello has sido invitada al novedoso reto por superar. Vamos a descansar."*

Estamos con diversos líderes, una de las monjas ha terminado de explicar nuestro rol, ha solicitado preguntas, propuestas. *"Sugiero seleccionar un solo tema central para enfocarlo en múltiples formas y nos sirva de ejemplo en futuras actividades,"* aportó un maestro. *"Nos preocupa el futuro de nuestros niños, creo puede ser el tema inicial,"* sugirió anciano líder. *"La educación ofrecida a la comunidad depende en parte de la orientación de los educadores; al tener diferentes religiones, conveniente es aclarar la relación entre educadores, educandos y religión,"* fue el último aporte de una madre. Tres grupos conformados tomaron breve descanso antes reiniciar su labor. Igual, Dani y las monjas usan el receso para comentar, perfeccionar su participación.

La primera monja en hablar expresó su enfoque: *"En los tres grupos debemos observar, oír al máximo sus anhelos para al final concretar adecuada propuesta a sus inquietudes, facilitar avance a mejores situaciones. Debemos acompañar más, dirigir menos Muchos programas similares han sido una penetración cultural, social, religiosa; evitemos caer en dicha trampa histórica."* Dani intervino: "De alguna manera la invitación inicial estuvo ligada al aumento de varias formas de violencia, a la búsqueda de soluciones al respecto. Quiero saber si mantenemos dicha orientación, si hay sugerencias especificas. Me sale del alma hacer énfasis en la familia y la niñez donde se pueden sembrar increíbles semillas para armonizar el futuro. En mi tenacidad de cultivar flores he aprendido a conocer diferentes insumos de las plantas, la importancia de especiales cuidados en tiempo oportuno. Sin intervenir demasiado en la comunidad, así percibo nuestro papel en los grupos y futuras actividades."

"Valiosos dones y pericia de cada una debemos incorporar en pausada orientación. Recordemos la tremenda lucha de cada familia, de cada persona con cicatrices y bondades del pasado determinantes en mucho del presente, del futuro. De alguna manera, en cada persona y familia es necesaria la revisión, sanacion de su pasado para descargar lo negativo, usar al máximo sus propios potenciales. Todavía hay mucho dolor por las diez victimas del suicida secuestrador hace cinco meses; creo el tema ha de surgir al ganar confianza y entonces enfocamos dicho problema en forma universal, preventiva, sin estigmatizar ni hacer énfasis en una justicia especial. Listas para nuestro trabajo, también nos espera gran aprendizaje." En interna alegría nos despedimos.

En mi grupo de trabajo hubo gran inquietud sobre religión y educación. Una madre joven comentó: *"La opción de un credo en especial es acorde con nuestro desarrollo interno, innecesario presionar al respecto, es preferible compartir similitudes, minimizar diferencias. El proselitismo lesiona la libertad, enfrenta a grupos. La forma de pensar, de sentir, de conectarnos a Dios es de curso lento, suave, progresivo. Sin embargo, la enseñanza de mundos celestiales, de la divinidad es tema por incorporar en la educación, debería ser conjunta con los padres. Deseamos aclarar la opción a seguir antes de considerar otros tópicos."*

Atenta a todos los aportes; en los descansos medité sobre lo aprendido en la isla, pedí refuerzo celestial para hablar lo apropiado, callar lo innecesario. Al final, me solicitaron resumir lo esencial de lo sentido por el grupo. *"Por los comentarios escuchados, creo, hay pocos ateos e inclusive si los hay se refieren a un cierto periodo de tiempo en crisis; es decir, aceptamos la divinidad, anhelamos al morir en el planeta, tener acceso a lo celestial. El conflicto aparece con las organizaciones religiosas, su relación con aspectos civiles, al final con normas impuestas a la familia, al individuo. Debido a la gran migración hoy es frecuente parejas con diferente religión enfrentadas al dilema de orientar a los hijos. Vamos a centrarnos al nivel local, regional para armonizar la universal aceptación de Dios con la visión de un credo religioso en particular. Puedo ver la comunidad similar a hermoso jardín con gran variedad de flores para alabar a Dios, dar alegría a los semejantes. No es necesario transformar la rosa en dalia; cada una requiere especial cuidado y aporta especial belleza a su alrededor. La convivencia religiosa ausente de proselitismo surge de todos sus comentarios; se percibe frutos de tolerancia, fraternidad por recibir. Compartamos las similitudes de los credos, dejemos los países, a nivel macro, aclaren posibles diferencias; con dicha decisión ganamos un enfoque inter-religioso entre las familias, por ende incluirlo en la educación para niños y adultos. Por supuesto, cada grupo ha de tener su propia liturgia, igual a diferentes estilos en recreación, deporte, en el arte. En verdad, oyendo sus comentarios, con el esfuerzo para resumir lo apropiado surge la importancia de diferenciar la esfera espiritual del esfuerzo religioso de unión a dicho esplendor. El primero variable en tiempo, estilo, contenido; el segundo es universal, único. Mayores detalles podemos agregar en los grupos de trabajo."* Prolongado silencio permitió agradecer a la divinidad con la esperanza de haber hablado en verdad.

La principal conclusión del segundo grupo fue la necesidad de incluir la ética, moral y justicia a lo largo de todos los estudios. Son precisamente los avanzados en tecnología y conocimiento los culpables de tremendos peculados. Aun cuando se aceptan diferentes enfoques educativos en la enseñanza, es grave la ausencia y lesiva a los intereses comunales la ausencia de principios universales en los directivos. Aceptaron la necesidad del avance tecnológico, científico del esfuerzo educativo y de incorporar un enfoque humanístico en profesores y educandos. Su gran decepción eran lideres nacionales, regionales al traicionar postulados iniciales; la corrupción moral, económica con aumento de violencia, engaños egoístas generando guerras periódicas de intereses personales, grupales. Fatigados por crónicos ciclos de frustración, tenían esperanza en un proceso transformador de orden espiritual en el individuo y la familia para evitar impactos nefastos en los educandos.

Al final los dos grupos abordaron el tema de la violencia; luego de gran plenaria, líderes comunales presentaron las conclusiones sobre siete centrales temas.

Atención precoz del acoso intrafamiliar. Persiste la sombra del machismo y muchas mujeres toleran en silencio maltrato de sus parejas. Pocas oportunidades a las niñas, fomentan conductas agresivas en adolescentes varones. Se sugiere comités de madres, lideres comunales, profesionales de salud mental para brindar asesoria grupal, individual; la temprana denuncia de tales situaciones al comité se consideró prioritaria. Elaboración de folletos mensuales con ejemplos ilustrativos; grupos de reflexión sobre el tema fueron medidas complementarias.

Terapia hoiística de posibles agresores. Urgente tarea de los expertos en salud mental, debería ser reforzada por los padres, profesores mediante la oportuna información sobre personas a riesgo y motivación para buscar ayuda.

Proyecto Amistad. Es una manera práctica de ofrecer ayuda en domicilio, sitio de trabajo, escuela a la propia comunidad o poblaciones cercanas. La intensidad de dicho trabajo se motivará con premios especiales, facilidades de crédito y otros estímulos

Restricción de armas. La aprobación de venta de armas a personas con antecedentes de violencia debe ser aprobada bajo estricta vigilancia por un comité especial.

Publicidad restringida a delitos violentos. Es necesaria la colaboración de los medios publicitarios para adoptar un código de ética en la información de tales eventos.

Centros educativos integrales. Clase social y económica; son un lastre de los humanos imposible de extinguir. Sin embargo, la discriminación por tales diferencias debe disminuir en los centros educativos donde se concentran los jóvenes. Facilitar y promover el ingreso de candidatos con bajos recursos significa equidad social, mitigar en parte la frustración de muchas familias. Algunas instituciones sin planearlo se convierten en centros elitistas y estimulan patológicos actos de tremendo dolor.

Sin conciencia espiritual no hay paz. La violencia es cosecha de la carrera egoísta, ambiciosa, obsesiva de los adultos por retener metas terrenales. Engaños de políticos, fallas de religiosos, errores de profesores, traumáticos divorcios, muestran indolencia, poca sensibilidad hacia el prójimo, confunden gente humilde anhelando la superación.

RETORNO DE JUAN

Rafa y Gabi han solicitado a Mike información sobre su vida pasada, explicación de la misión por cumplir.

"Mi anterior nombre era Juan, tuve tremenda batalla post mortem, la cual fue explicada por mi terapeuta de turno; después de relativo avance espiritual, acordamos una temporada en el templo, desde entonces, hemos realizado varias misiones "Permítenos aprender de tu pasada vida," solicitó Gabi.

"Nací en el Sur en las llamadas fabellas; abandonado por mis padres, crecí en hogares alternos; tuve nefastos enredos callejeros. Aprovechando ayuda ofrecida, recibí el grado de Abogado. Rápido, la tentación del dinero fácil enredó mi vida y de nuevo representé al mal. Con justicia me enviaron a infernal cárcel de peores reos, de la cual fui liberado por un comando de guerrilla pero obligado a trabajar en la montaña como peón sin salario. Liberado por un frente militar fui de nuevo encarcelado al carecer de documentos de identidad.

Mis mejores momentos fueron con piadoso misionero, aprendiendo pasajes de la Biblia. En mi desespero, no recuerdo en sueños, en visión, tuve el mensaje de mi liberación: Un óvalo de luz entró por la pequeña ventana de mi celda, para luego ascender por mi cuerpo y alojarse en mi corazón; tuve la certeza de cercana transformación. En forma análoga, otro ataque de la guerrilla destruye la cárcel, vuelvo a la ciudad sin identidad alguna para mendigar, dormir en frías calles. Solitario luchador reciclo periódicos, latas, plásticos. Salgo del caos, compro nueva identidad, entrego gran parte del nuevo capital a tramitadores de visas para cruzar la frontera, llegar al sueño americano. No pude encontrar a mis tres hijas Residentes de tiempo atrás; al regresar embriagado a mi residencia, me estrello, soy llevado de urgencia al hospital para aprender la triste y mayor lección de mi vida en el Pueblo Cenizo. Guardamos breve pausa, nos abrazamos y un, *"llegamos,"* nos vuelve a la realidad.

AMOR Y SERVICIO

Llegamos a Playa Grande, habitada en su mayoría por gente de color negro cenizo, alta, fornida para hospedarnos. en cabañas con pilotes sobre el nivel hasta donde llega la marea alta. La población blanca es reducida; en opinión de los nativos son desesperados delincuentes; aventureros en búsqueda de legendarios tesoros Los directivos tienen reputación de ambiciosos, consumidores de los bienes públicos. Salud, educación, vivienda mal financiadas son dirigidos por lideres naturales de gran carisma. Las hermosas, sensuales mujeres, sufren de relativo maltrato, son reconocidas orientadoras de numerosos hijos, muchas veces de padres diferentes. Bellas artesanías enviadas hacia el interior dejan mínima ganancia a los nativos. La religión se mezcla con tabúes, sortilegios, lectura del tabaco, embrujos, rezagos de magia negra. Enviados en respuesta a la solicitud de una comitiva de mujeres en búsqueda de nuevos horizontes; los coordinadores del templo aceptaron gran suma de dinero por nuestra labor condicionada a invertirla en proyectos locales. Agradecimos la invitación de adaptarnos a la nueva situación durante un tiempo prudente mediante visitas a residentes, grupos y autoridades.

"Viven en burbuja del tiempo sin modernismo. No hay leyes para impedir la llegada de foráneos, pero ellos ejercen pésima influencia, generan gran daño entre los nativos. Esencial parece contactar los migrantes, acordar con ellos urgentes cambios a su forma de actuar," aportó Rafa. Mike intervino: *"Los grupos humanos son complejos de abordar; .en efecto, cada persona independiente de la raza, ha enfrentado etapas previas de rencor, engaño, agresión, ataduras en mundos oscuros. Afortunados superan dichas etapas, se convierten en agentes de cambio. La fuerza gestora de dicho avance a nivel individual potencia modificación global de la sociedad; por ello la sugerencia de promover transformación individual en grupos reducidos. La segregación en nativos, migrantes sólo empeora las relaciones; por razones cósmicas son los residentes actuales; de su conjunto ha de resultar lo peor, lo mejor por ocurrir.*" "Según tu perspectiva -dice Gabi- lo primero es propiciar el arranque personal para potenciar el cambio global no dirigido. Si la repetición es válida, cuál es la esencia del impulso inicial? *"Veamos cómo ocurrió en sus vidas para obtener un aporte de sus propias reflexiones."* "Lo hemos comentado entre nosotros, el amor, el servicio oportuno para nuestros problemas fueron la llave mágica de nuestro cambio, estímulo para retornar beneficios." *La historia de mi vida es igual aprendizaje al vuestro, avala igual premisa, en tal sentido hemos de orientar nuestras acciones en la misión por cumplir,"* resumió Mike.

Un anciano ofrecía artesanías, le solicitamos una buena rebaja para comprar todo el lote; hizo cálculos y las adquirimos por setenta por ciento del precio original. Después de oír interesantes anécdotas de su vida, le comentamos nuestra reciente llegada, la imposibilidad de guardar lo comprado, por lo cual le revendimos la misma por sólo el treinta por ciento. Sonriente, el venerable anciano se quedó con la mercancía y buen dinero en efectivo. Al charlar con los taxistas, indagamos sobre el transporte de personas en emergencias de heridas, parto inminente, accidentes. Al carecer de comunicación especial, ofrecimos una red radio telefónica para enviar oportuno socorro en los anteriores casos. Solicitamos en contra prestación enviar mensajes de auto superación desde la nueva sede central. Al final del mes, se daría un premio al mensaje más significativo para el radio oyente. Auspiciamos la apertura de una gasolinera comunal con gratis combustible para lancheros transportar enfermos, personas pobres de cercanas poblados. Abrimos el Centro Cultural con actividades de pintura, canto, danza folklórica, abierto a otras opciones. Por último, organizamos adecuado sistema de referencia a hospitales regionales mejorando la atención a enfermos graves, de riesgo. Pronto, surgió en los nativos sensación de alegría, paz, esperanza. Fuimos llamados por las autoridades locales a responder sobre sus inquietudes. En resumen, aclaramos no esperar nada en retorno, no tener condiciones en ninguno de los proyectos, sólo el servicio orientaba nuestra labor. Abiertos a nuevas ideas, con sutileza descartamos acto festivo en nuestro honor por lo realizado. *"Las olas perforan rocas, el esfuerzo conjunto moldea nuestros pesares,"* fue el mensaje radial ganador de un viaje fuera del país. Al dirigirnos al encuentro con las mujeres, vimos la nueva tienda de artesanías, *"Solidarios,"* del venerable anciano creada con la ganancia del cuarenta por ciento ya mencionada.

El comité femenino estaba al tanto de lo realizado y muy rápido plantearon sus puntos de vista. Varias de ellas eran profesionales egresadas de centros universitarios en urbes lejanas. "Nos sentimos aislados del desarrollo; anhelamos un cambio conservando lo bueno de nuestras costumbres con los adelantos tecnológicos." "Podemos financiar una cooperativa de insumos electrónicos y capacitar al respecto Las cuotas de pago serán bajas, por supuesto las ganancias se invertirán de nuevo en becas para los menos pudientes." "Maravilloso, es gran paso hacia el futuro. La picardía de nuestra gente ha de malgastar dichos recursos, cómo prevenir tales desvíos? *"La tentación existe en todas las sociedades, sus efectos decrecen con adecuada orientación familiar. Un programa comunitario de Apoyo Mutuo junto al Centro Cultural ha de fortalecer principios universales de respeto, honradez. El grupo de Vigías, conformado por jóvenes supervisan la aplicación de normas pertinentes. También ofrecemos becas gratuitas para asistir a programas de Avance Personal a candidatos nominados por Ustedes; se pueden incluir a personas en crisis en necesidad de sanar cicatrices del pasado. De nuevo, anhelamos vuestro desarrollo social y espiritual, lo cual gratifica a todos. Esperamos las decisiones finales antes de nuestra partida.*

LECCIONES DIVINAS

Las dos monjas prometieron a Dani pronta reunión; también Mike hizo lo propio con Gabi y Rafa. Ahora, los cuatro amigos compartían aciertos; Urí comentó "Le pedí al Monje me dejara aprender de su diario apostolado e imparcialidad en la vida." *"Asimila grandes lecciones de tu fundamento terrenal; sirven para convertirlas en eslabones, ventanas para vislumbrar cercanos cielos."* "Intuyo la respuesta, pero cual es la razón para hablar en plural, si estamos Usted y yo solos, sin nadie alrededor"? *"Hecho el primer contacto con la*

Los anteriores ejemplos le sugieren innovador servicio En su entorno social? Aplíquelos!

divinidad, termina la búsqueda solitaria; una corte celestial nos apoya en variadas e ingeniosas formas. Al sentir su presencia diaria, siempre hablamos en plural."

Acepté invitación de acompañarle al interior del monasterio donde cuidan a personas en crisis de identidad, angustia, algunas de las cuales han cometido intento de suicidio. Hay además, recuperados de accidentes severos; pocos sólo esperan morir, debido a procesos terminales. Los guías, por alguna razón, siempre dan la espalda a los visitantes, imitando una secuencia de túnicas grises en pausado movimiento. Solicité permanecer mayor tiempo con los ayudantes, habría de pasar tres días en el interior del monasterio realizando varias actividades. Al aceptar, el Monje exclamó, *"Nos vemos pronto."* Llevado por dos auxiliares, me dieron a escoger la túnica según mi gusto e indicaron el aposento para dormir. *"Descansa, vendremos por ti."* "Deseo contarles despacio, inclusive para oírme a mi mismo, profundizar en lo aprendido; quieren los detalles o un resumen al respecto? "Al detalle!" se oyó el coro.

"En verdad, no conocía el área interna, posterior del monasterio, la cual inclusive conecta al convento. Opté por limpieza externa y labores de jardinería. Los empinados acantilados, barrera normal para extraños, habrían servido para emular la fuga de Montecristo en el saco tirado al mar por los guardianes de la cárcel. Pronto aprendería sobre gran liberación más allá de lo físico; tal vez era el recóndito mensaje del misterioso abate, relatado por Dumas. "Cuenta de tu permanencia y labores realizadas" le pedí al guía. *"Tareas externas de limpieza, recibir a nuevos residentes, orientarlos. Llevamos algún tiempo, aprender requiere sutil observación de obsoleto trajinar, recordar viejas lecciones. De hecho, es la primera pregunta por responder en el primer intento., debes meditar al respecto, antes de iniciar labores.* Recogía hojas, flores del suelo ingredientes de reciclaje en largos nichos de lombriz de tierra. *"Observa las plantas sembradas entre los criaderos de lombriz,* dijo el guía, *las hormigas almacenan sus hojas en el hormiguero ignorando las mismas producen un gas venenoso; sin saber, llevan la destrucción a su hogar creyendo se trata de alimento; la vida ofrece irónicas lecciones diarias en hechos simples. Por el contrario, humilde lombriz transforma desechos vegetales en precioso alimento, retorna poderoso humus, fertilizante de plantas. La naturaleza coloca siempre el remedio al lado del mal! Qué aprendes de la hormiga, de la lombriz?"*

Los curiosos huéspedes mostraban cansancio; rápido nos dedicamos a su acomodo. Era hermoso atardecer, reposé mi cuerpo en una silla debajo de frondosa ceiba, me dije, *"Es hora de preparar mi aprendizaje de la vida! (13)"*

Recordaba escenas de violencia con mi padre embriagado; de alguna manera, me previno de semejante vicio; mi tierna, silenciosa madre en sus actos, siempre vigilaba mis hermanos. Escapado del hogar con buena suma de dinero, inicié largo recorrido lleno de dolor, delincuencia. Sin embargo, como la historia del buen ladrón, he compartido riqueza con los pobres. Llamado por los guías, ayudo a transportar un anciano convaleciente de accidente auto motriz. Lo llevamos entre cuatro personas, las vendas impiden ver su rostro, me dan vueltas las cosas para despertarme luego en una cama de recuperación. Sonriente, el guía decía:*"Nos diste gran susto,"* agradecí la ayuda, preocupado retorné a la ceiba protectora.

Cierto, la escena del accidentado idéntica a mi llegada al mismo sitio, había removido internas energías! Dormido, en el sueño, titilante estrella en el cielo me dirigía al encuentro con mis padres. Al despertar, me dije, *"He aclarado una lección de la vida; debo encontrarlos, cuidar de ellos, sin importar el pasado. El olvido añeja el problema, el perdón, la gratitud son bálsamo sanador de viejas heridas."*
Asignado a cuidar el anterior enfermo; sentí especial cariño al llamarse Joel, tener la misma edad de mi padre. *"Voy a cuidarlo como si fuera él mismo; quizás la energía de la bondad fluya entre los seres y de igual manera, alguien lo ayude. Claro, no debo preocuparme por el retorno de la buena acción, al saber el negativo efecto del interés sobre lo realizado."* Su recuperación general era más rápida a su capacidad de hablar; otros enfermeros cuidaban de sus heridas. Cambiado a otro grupo, indagaba por la salud de Joel, concentré mi labor en las plantas, en llevar desechos vegetales a las lombrices. *"Reciclar, reciclar,"* intuía cercana la segunda lección, decidí charlar con el Monje.

"En mi pasado, he producido daño, dolor a mis semejantes; he contaminado el ambiente con el mal proceder, puedo cambiar dicho ciclo, aportar bien a los seres cercanos?" Sereno el Monje respondió: "*Sabes de tus potenciales al nacer, fruto del balance entre tu karma y darma de vidas pasadas. Por ello has recibido, seguro has de recibir energía negativa en forma de agresión, desamor, indiferencia. El reto para todos es responder en forma positiva, conscientes de cumplir la misión de reparación a la cual hemos venido a la tierra. Por ejemplo, apegado al dolor causado por tu padre durante la niñez, acumulaste dicho dolor, te fuiste del hogar con sentimientos de rencor, egoísmo, has devuelto dolor aumentando pesada cadena interna.*" Interrumpí para preguntar "Era niño cuando enfrenté semejante reto; es posible reaccionar de manera diferente en temprana edad?" "*Si, hay variadísimas respuestas, difíciles de explicar pero en general ocurren por el predominio del potencial positivo, fortaleza frente a lo negativo. Hemos sabido de jóvenes, inclusive niños en similares ambientes capaces de adoptar actitud de conciliación frente a sus padres contribuyendo a la armonía familiar. Recuerda a tu padre con amor, rememora su igual lucha por reparar el daño hecho a su familia. Es decir, somos iguales, pues todos cometemos errores; al entrar con humildad a la órbita de la reparación nos damos mutuo apoyo. La lombriz recicla en forma espontánea, el ser humano requiere el anhelo interior, la fuerza espiritual para transformar lo negativo, aumentar su potencial. En verdad, te ha llegado la esencia de otra lección de la vida, debes asimilarla en tu corazón. Ve al pueblo, reparte regalos; visita enfermos, consuela al afligido, crea tu propia red de actos buenos retornando al ambiente los frutos recibidos, es decir, sin apego.*

Me fui al pueblo, hice lo indicado, sin muchas ideas ni motivos especiales. Sólo iba a servir sin esperar retorno alguno. Sereno, amable observé la sonrisa de las personas al recibir implementos; los niños en particular contagiaban gran energía a pesar de pobres condiciones de vida.

Recordaba a cada momento lo crucial de dar, entregar sin esperar compensación; debía mantener mi red vacía para ser llenada de nuevo por la divinidad. Al regresar al templo, me seguía un anciano, sentía pesar al no tener nada por ofrecerle. Me dije, le preguntaré su necesidad, mañana, no, hoy mismo le entregaré lo solicitado. Regresé para oír con gran sorpresa, *"Hijo, querido hijo, perdóname!"* "Sí, Joel, mi propio padre estuvo vacilante de revelarse ante el hijo; nos abrazamos, lloramos, al final reímos. Miré al cielo, dando gracias por su curiosa forma de enseñar.

Dani quebró el majestuoso silencio: *"Tenemos ojos y no vemos; oídos y no escuchamos. Lo han repetido varias veces, lo hemos aceptado con simpatía y apenas ahora, empezamos a ver, oír desde nuestro interior. Decidimos crear un proyecto solidario sin percatarnos de estar ya en algo grandioso, más allá de nuestra humana capacidad. Había preparado un resumen del aprendizaje con las monjas pero he perdido el interés de presentar enfoques mentales; al escuchar a Urí me nace comentar acerca de la muerte. El viejo Urí ha renacido como esperanza para otros, es lección divina revelada ahora. Claro, la semilla trae los potenciales pero ha de sufrir su transformación en la oscuridad, perder su caparazón por el fluir del agua; pegarse a la tierra con fuertes raíces, luego elevarse hacia el cielo, captar la energía, devolver frutos, flores en reciprocidad. Solo ahora, veo dicho proceso, similar al brotar de mi espíritu dentro de mi cuerpo. Si, si, la respuesta al estudioso de la Biblia es correcta, podemos renacer a la divinidad; por bondad celestial hemos de emerger de la oscuridad, desechar viejos errores, dolores, angustias. Abandonemos vieja caparazón como la serpiente elimina su estrecha piel. Renovados en la reparación, amor, servicio; es tiempo de clarificar con el Monje."*

"Antes de irnos, nace de mi interior compartir reflexiones iniciales sobre la enseñanza del reciclaje de la lombriz. Lo hago también para escucharme a mi mismo con renovada comprensión. Sabemos del retorno de la gota de agua al mar, del ascenso del reflejo de la nube al cielo en búsqueda de la identidad con lo divino. Y nuestras acciones malas, sus efectos dañinos a donde regresan, en cuál depósito se acumulan? Recuerdo ahora, el lento cambio de la oruga al despertar de la sutil mariposa para flotar en el aire. Es válido, la madre natura es plena de analogías y paradojas para mostrarnos la ruta a seguir. Contrario a la liberación de la mariposa, los desechos de nuestros desatinos generan voraces larvas síquicas consumidoras de nuestra energía, entregándonos al odio, venganza en la pegajosa telaraña de la inconciencia. En dicha situación, mientras más nos esforzamos, más nos enredamos! Sin saberlo, nos hemos convertido en tremenda oruga y es nuestro deber, reciclar, cambiar de dirección, liberar interno ser. Requerimos de la magia del silencio con la no reacción para observar sin juicio la basura síquica de los actos dañinos; la abrazamos con ternura coloreando su negra masa para ser transformada en el molino cósmico de nuestro amplificado ser interior. Cada uno puede adecuar la anterior limpieza de su templo interior con altas dosis de voluntad y confianza. Gracias simple lombriz de tierra por inspirarnos el vital reciclaje de oscura energía para retornar al medio paz, alegría, amor".

REVELACIONES

*G*abi introdujo la solicitud: "Hemos presenciado gran bondad en vuestros actos, hemos sido testigos del respeto por las personas; aprendido la prevalencia del perdón sobre el olvido, la reparación (20), servicio altruista y amor universal. Pedimos orientación para organizar un proyecto solidario con los demás y en respuesta, nos enviaron a increíble aprendizaje. También, sabemos del fascinante impacto del silencio interno, por lo cual, solicitamos mayor información; sobre todo, anhelamos saber si podemos continuar con Ustedes." *"Bien, dijo el Monje, es hora de revelar algo de nosotros. Somos Guías Auxiliares de la corte celestial para seres arrepentidos en búsqueda de paz, armonía. Hemos sido bendecidos, como todos los seres, por la divinidad a través del Espíritu Santo para separarnos de las tinieblas del mal, del pecado con sus secuelas de dolor, soledad, angustia. Hacia el final de dicho túnel, la marcha se ha tornado brillante, esplendorosa al incorporar el servicio hacia nuestros semejantes, sin importar raza, religión o cultura. Estamos gradas arriba de seres bondadosos en muchos sitios terrenales. Cumplimos variadas misiones en diferentes lugares con el propósito de fomentar la comprensión; visualizar el espíritu, real director del cuerpo. Carecemos de poderes mágicos, curativos; fieles a las indicaciones, confiamos en lo divino; ángeles quienes coordinan, preparan escenarios para recibir misericordia divina. Enseñamos, asimilamos por el deber cumplido; casi no usamos docencia verbal, al carecer de mucha teoría. En especial, somos enviados a grupos de arrepentidos en búsqueda de perdón, cambio de vida. Habéis sido seleccionados para guiar próximos grupos de migrantes; al aceptar, en el sendero tendréis mayor desarrollo, chances de avanzar; los esperamos en el templo dentro de tres días. Aclaramos carecer de rangos de una organización en el sentido de jerarquía, de funcionarios muy usual entre vosotros. Somos servidores sin esperar retorno, el aprendizaje es individual, nos movemos más allá de procesos mentales, emotivos. Renacimos en vida, antes de reparar por completo nuestros daños; por motivos celestiales permanecemos en la frontera de lo terrenal, para completar nuestra misión. Hasta pronto.*

Reunidos los cuatro, Urí inició el intercambio de ideas:*"He participado en variados comentarios hacia Dios y al final, cada uno, a su propio estilo modifica su posición inicial.*

Siento agrado al no teorizar más; entiendo, por nuestros actos, compañía angelical sabremos si vamos por lo divino. Así, ha de llegar la apertura de los cielos, el descenso de la iluminación para conjugar la forma de pensar, sentir y actuar." Dani sonriente sugirió irnos al pueblo para cooperar en algunas labores, despedirnos de amigos, familiares en espera de partir hacia donde fuera.

En el pueblo nos encontramos con Mike y las dos monjas. A Dani propuso reunirnos al atardecer en la playa alrededor de una fogata, compartir alimento y claro, comentar acerca de la preciosa invitación. Gabi terminó el silencio caluroso del circulo del fuego: *"Ustedes saben de mi tendencia a las ilusiones, a la comprensión de los sueños; permitidme resumir dichas vivencias para visualizarlas con nueva perspectiva. Tiempo atrás, en la juventud solía ingresar a un plano inferior, al unirme a las aguas sucias del inodoro; era un descenso por embudo, recorría ríos entre cañones, surgían de súbito islotes ascendentes, regresando de nuevo a nivel normal; trataba de ascender aferrándome a ellos, pero resbalaba debido a su conversión en columnas de barro. En otra serie de sueños tenia variadas caricias sexuales con mujeres desconocidas. Visitaba países lejanos para estudiar, perdía los cursos; al final no encontraba los tiquetes, me convertía en pordiosero, casi siempre un niño serio, distante, recordaba al hermano menor. Regresaba a repetir cursos ya finalizados, una voz silenciosa parecía decirme no haber aprendido la lección. Por mucho tiempo, discutía con mi padre ya fallecido, aprendí a pedir perdón y los sueños con él se tornaron amables, tranquilos. Luego llegó el ciclo de volar, solo, acompañado, en las montañas, río arriba, entre rocas de un acantilado, lanzándome de un precipicio y aferrarme a corrientes de aire. He conservado la imagen de entrar en avión especial por una gran cascada, seguir por gran túnel sin regreso alguno. Algunas veces fui soldado liberador de alguien, pero en general, no hubo escenas de violencia.*

Muchas imágenes de estar perdido en ciudades conocidas, descalzo, desconectado de familiares. Me sentía deudor de mis mejores amigos, sin recordar deudas adquiridas, pagaba a sus padres por cuotas mínimas. La imagen de Jesucristo sobre las aguas de un río, ofreciendo su mano protectora, mientras me hundía lentamente en aguas oscuras me impresionó en lo íntimo durante largo tiempo."

Recopilé sueños, los anotaba al despertar, volvía a leerlos tiempo después para descubrir mensajes; me afilié a varias escuelas, grupos; poco a poco, salí de un alcoholismo crónico, la vida se llevó mucho de lo adquirido. *Los vuelos se han suspendido; participo en reuniones de migrantes en montañas, inclusive doy varios temas sobre la vida sin recordar después su contenido. En el presente ciclo de sueños, regreso al colegio, a la universidad para repetir clases; participo en actividades simples, rutinarias de construcción. Soy llevado en raro avión por montañas desérticas, a veces con lagos de agua cristalina con peces gigantes; vamos de nuevo por un estrecho sendero en un acantilado; una familia agradece la visita, los regalos, nos solicita pronto regreso. Con moldes pavimento un sendero, el supervisor aprueba mi labor; desaparece la escena y vuelvo a repetirla. Soy consciente en el sueño de la repetición, sonrío, intuyo algún mensaje.*

Los sueños se han tornado simples, en monótonas acciones, escenarios sencillos. Desde hace algún tiempo, al finalizar las oraciones, solicito una cruz estampada en mi vestido para el recorrido en el sueño; al despertar en medio de la noche, doy gracias, pido luz para ajustar mi vida. Desde entonces, persisten las actividades simples, tediosas, estoy más tranquilo. En la ronda actual de sueños, solitario encuentro fornidos, mansos caballos en los cuales cumplo nobles misiones. Al narrar la secuencia de sueños he vaciado pesada carga, es el alivio de la confesión, siento mayor desapego a la búsqueda en el globo de las ilusiones; de alguna manera he tomado la decisión de dar menos prioridad a mi interés por ellas. Agradezco comentarios."

En pausado, respetuoso silencio, todos miramos a Mike, en solicitud de su intervención. Dirigió sus manos hacia una de las monjas, quien así habló: *"El mejor símbolo de nuestro esfuerzo por eliminar turbias colisiones es el circulo formado por nosotros alrededor del fuego. No hay filas delanteras, traseras, no hay avanzados ni atrasados; solidarios entre nosotros la intensidad de la luz divina delimita la periferia del circulo. Sin preferencias, suerte o azar, hemos llegado por múltiples esfuerzos; la respuesta divina siempre ha estado presente aun cuando velada en misteriosos encuentros, mensajes, enseñanzas como el rosario de ilusiones descrito por Gabi. Es bueno reconocer el dinámico impulso de las ilusiones, el cual genera motivación, fuerza de cambio; en otra óptica, el transitorio ambiente terrenal es también una ilusión. Hemos escuchado su éxodo, igual al nuestro, por tierra, agua, aire y fuego aprendiendo de lo exterior en la natura; hemos confiado en nuestro poder mental, emotivo para al final rendirnos frente a sutiles enseñanzas grabadas en nuestro corazón. El barro en el sueño de Gabi genera tragedias al convertirse en destructiva corriente o en obra de arte en manos de un dedicado artista. Por los testimonios de todos nosotros, por otros venideros agradecemos la oportunidad de integrarnos a la fuerza divina, recibir etérico bautizo, aceptamos variadas misiones por cumplir."* Varios visitantes se unieron al grupo, trajeron alimentos, formularon varias preguntas, nos organizamos en grupos para mayor flujo de opiniones. Siete fogatas en la playa imploraban a la divinidad guiarnos en la búsqueda del perdón, reparación, servicio, amor. Percibimos gran fuerza interior, impregnados de luminoso poder celestial

INICIACION

Nos dirigimos a desconocido sitio, equipados sólo con artículos personales. La senda se estrechaba poco a poco, la vegetación luchaba a la derecha en la rocosa, empinada montaña. Tomamos agua de cristalino manantial, hubo descanso, el Guía comentó: *"A partir de ahora, toda disertación es para vuestro desarrollo interno con el propósito de servir, amar a las personas llegadas a Ustedes en forma personal o por variados medios de comunicación. Ustedes harán su propia combinación sin existir especial fórmula. Diversas alternativas y enfoques han de servir a vuestro desarrollo, se han de convertir en recursos para enseñar; por ello, ganad maestría en todas aun cuando al principio no os agraden. Seres angelicales están disponibles en variadas formas para articular sabiamente lo aprendido.*

Bondadosa labor individual en reducidos grupos nos diferencia de otro gran enfoque de cambio colectivo a nivel de grandes organizaciones con estructuras de poder y jerarquía. La gran mayoría de nosotros hemos sufrido en el mal, en el dolor; nos hemos arrastrado por estrechos oscuros laberintos pero mantuvimos aun cuando fuera, pequeña luz interna clamando por la voz del Maestro, "He venido por los desamparados, los perdidos." Vais a ser sal para el mundo: Rápidos al asimilar, lentos al explicar; intensos con vosotros, suaves con el prójimo; ensalzar lo bueno, desdeñar lo malo; diligente en tu cambio, pausado con el vecino. Así, tienden sutil puente entre usual dualidad, primero en Ustedes, luego en futuros aspirantes."

Ascendimos durante tres adicionales horas, llegamos a reducida meseta donde estaban disponibles varias carpas para un agradable descanso. Faltaban cuatro horas de curvilíneo ascenso hasta otra meseta más amplia en la base de la empinada montaña, en la cual se erguía antigua casona rodeada de variadas flores. En su acogedor patio delantero, de nuevo estaban dispuestas suficientes carpas. En efecto, habíamos llegado a nuestro destino final, por lo menos a importante estación. *"Buscad acomodo, refrescaos con el agua del manantial, cambiaos de ropa, orad en silencio y en parejas, reflexionad sobre el mensaje recibido."*

Sorprendidos en la casona por corto pasadizo interno, entramos en amplia cueva de la montaña, iluminada con antorchas. Gran orificio central y varios laterales permitían iluminación solar, creaban sutiles siluetas en placentera atmósfera. Cómodas sillas en círculo aportaban grato misterio al ambiente. *"Orad en silencio, dad las gracias por el encuentro, pedid consuelo, fortaleza para los semejantes. Hace dos mil años, la humanidad presenció el milagro de la redención de nuestra cadena de pecados mediante el sacrificio del Hijo Divino. Significó liberación de la rueda karmática de nuestras vidas, posibilidad de asegurar retorno a la divinidad mediante el positivo balance de nuestras acciones y decidida voluntad de ser verdaderos cristianos. Renovamos ahora un proceso interior para emular, imitar al Cristo. Estamos expuestos por lo menos a doce influencias cósmicas en nuestro devenir, igual a las doce tribus, los doce apóstoles, incluida la traición sufrida por el Maestro. Testigos directos de gran labor divina e iluminados por el Espíritu Santo los primeros guías y auxiliares dieron apoyo, consuelo al necesitado; difundieron las enseñanzas del Cristo hecho hombre. El ejemplo del Maestro, la vida de los Apóstoles en sus obras y testimonios escritos son la esencia del Conocimiento por adquirir. Pasados dos milenios, el desarrollo espiritual alcanzado por la humanidad es precario, seguimos expuestos a repetir burdas épocas de violencia; teórica fragmentación sobre Dios, domina el anhelo por el control humano sobre la sumisión a lo divino.*

La serenidad del espíritu frente a dichas tormentas, similar al Cristo sobre aguas tormentosas, fortalecer sobre dudas, tentaciones humanas. Implica equilibrio cósmico del pensar, ensoñar y sentir; centrados en la fuerza divina actuemos en la forma terrenal sin apegos, retornos, reconocimientos.

Por supuesto, hemos de cumplir tareas corrientes para sobrevivir, compartir, siempre emulando a la naturaleza, pájaros cantando, flores iluminando, vegetales absorbiendo luz solar en el entorno físico. Nuestra compleja y bella labor más allá de lo natural capta la luz del sol espiritual en la frontera con los cielos, sirviendo al necesitado, consolando al angustiado, acompañando al solitario."

Alguien levantó la mano para hablar: "Varias veces ha surgido la inquietud sobre las diferentes religiones, la imposición de creencias a otros, evitar la confrontación con los hermanos. Hay posibilidades de una religión única en el mundo actual?". *"Entre muchas organizaciones, disciplinas e intenciones, la religión es por esencia la más noble, exquisita actividad humana, acceso a órbita espiritual. Con propósito celestial incorpora en forma natural la diversidad geográfica, cultural, racional, e inclusive política en sentido de conducir la colectividad. Por lo expuesto, es improbable la unificación religiosa, inclusive puede ser innecesaria; el gran evento por advenir, es la real tolerancia de diversos credos, dando prioridad a semejanzas, bajando celos, uniendo enfoques para el encuentro espiritual. No somos expertos en temas humanos, pero diríamos lo mismo frente a propuestas más sencillas de una sola moneda, un solo idioma, un solo gobierno en la tierra. La diversidad es propia del ambiente físico, la unicidad es peculiar de los estratos luminosos; dicho de otra manera la fuerza es por esencia única, mientras la forma es variable, diversa por naturaleza."*

La audición en la cueva era excelente; del sector izquierdo se escuchó otra intervención: *"Por algún criterio fuimos invitados al proceso en curso y agradecemos la oportunidad. La inquietud se refiere al mecanismo final de selección; hemos de aceptar en su totalidad los temas expuestos, habrán entrevistas, exámenes finales para ingresar?* Un guía vecino explicó: *"Habéis sido invitados porque en vuestro deambular han demostrado devoción divina, servido al prójimo en ofrenda al Señor, perdonado sin conservar rencor, amado sin interés personal. Cualquiera de dichas acciones en nocturna y solitaria búsqueda, sirvió de tenue llama, la cual pudo ser reforzada por la oración de seres queridos o silencioso retorno de acciones nobles. De todas maneras, hubo atracción de luz espiritual, seres angelicales los han acompañado y aceptar la invitación implica al mismo tiempo, la aprobación de cada uno de vosotros. Recientes eventos, inspiraciones en vuestras vidas, lectura de un libro, mensaje del amigo, sueño iluminador, reencuentro con un familiar, muerte de un ser querido se convirtieron en la atracción final de la fuerza espiritual. Al final de cada intervención nuestra, reiteramos la importancia de meditar y grabar en el corazón dichos mensajes. Se han de convertir en posibles opciones para ofrecerlas a seres buscando vuestra ayuda. Llegada dicha oportunidad, mucho interesa la manera de abordar la solicitud dando más prioridad al entorno del solicitante, menos al conjunto de creencias, anhelos de quien se ofrece. Afuera nos espera hermoso atardecer, comida preparada por queridos hermanos, en la noche habrá reuniones con los guías o trabajo individual. Mañana a las diez continuamos en la sala interna. El conocimiento no aprendido inspire la unidad divina en nosotros para iluminar el avance. Así Sea."*

TEOENERGIA

Al parecer vamos a dibujar porque en la mesa redonda hay cartulina blanca, violeta, azul; escuadra, cinta adhesiva, tijeras. El guía de turno inicia su labor. *"Vais a requerir de gran ayuda para transformar vuestro pensar, sentir, tono de hablar, estilo de actuar. Por energía divina, Teoenergia, eliminamos cargas humanas y por invisibles dispositivos incorporamos iluminación celestial. Ejemplos de conexión a lo divino son entre otros la oración, meditación, ejercicio matutino y vespertino, servicio, amor, palabra armónica, sacro oficio, reflexión diaria sobre un pasaje bíblico.*

Los símbolos geométricos esconden hermosas enseñanzas, métodos para observar, ajustar el rumbo actual en la vida. Sin contenido matemático, prepárese a gran iluminación.

Hay personas concentradas en una sola forma de ver el universo, practicantes de un solo método, confiados en su capacidad, casi obsesionados por alcanzar una meta, con baja sensibilidad hacia los demás. Les cuesta mucho trabajo modificar su punto de vista. Trazad una línea recta hasta el borde del papel. Así es el deambular del ser unidimensional, solitario, insatisfecho, aislado, sin pausa. Muchos están de acuerdo con,"El mundo puede estallar en fragmentos, los cuales pueden herirme pero no inmutarme." Tal enfoque incluye en ocasiones, apego a cicatrices del pasado sin capacidad de perdonar; obsesiones de metas por alcanzar. Ilustran dichos rasgos, permanente añoranza de la pérdida de un ser querido; el dolor de una traición, separación; obstinación por tener algo, ser alguien en especial. Observe dichas cargas en su vida, en seres queridos, compañeros de estudio, de trabajo. Si tiene oportunidad, comente sin herir, con amabilidad, respeto ofrezca apoyo a Usted mismo, a quien la vida le ha puesto en contacto. Recuerde, la indolencia es otra forma de comportamiento lineal, pagadero a corto o largo plazo.

El trasegar rectilíneo es inicial etapa, útil para unificar conocimiento, rectitud pero se requiere de un alto, de un cambio de dirección. Trace una línea de diez centímetros, inicie otra con diferente sentido o comience el trazado de un círculo. Simboliza la persona bidimensional inmersa en la duda, con demasiada dificultad para completar actividades. La dicotomía, separación de los opuestos en bueno-malo, nacer-morir, alegría-tristeza es peculiar del habitante del mundo de dos dimensiones. En su vida o en algunas facetas de la misma se les escucha, "Me siento incompleto, insatisfecha." Les sobra vaivén entre opuestos, les falta ganar armonía. Ajenos, desviados del mundo interior, se concentran demasiado en su capacidad y metas sin advertir señales de peligro. Parecidos a tierno palomo formando nido sin observar nefasta trampa por furtivo cazador, caen prisioneros en oscuras celdas. Observe su vida, apoye a seres cercanos, inclusive a desconocidos en su vecindario.

Complete el círculo, haga un triángulo equilátero para entrar al escenario tridimensional de lo completo, lo diverso. Tal desarrollo se alcanza en lo físico, vital, emocional, mental, en variadas combinaciones de dichos procesos, sin lograr completa unificación, integración de las mismas. El científico sin mucha sensibilidad, el devoto alejado de teorías, líderes, educadores ilustran dicho logro.

Visualice en cual dimensión transcurre su vida. Es crucial ganar conciencia sobre la importancia de internalizar dentro de vosotros mismos los signos de la pirámide y la cruz; no es suficiente colocarlos en la sala de la casa; es vital visualizarlos en el interior, en el templo del ser espiritual.

Escoged la cartulina del color preferido, en las cuales no hay notas. Indicaciones ni gráficos. Trazad el punto central, el cual simboliza vuestra llegada a la tierra. Imaginad escenas alrededor del nacimiento, los primeros respiros, lágrimas, sonrisas de los presentes. Sentid de alguna manera la separación, el corte del cordón umbilical.

Relajad el cuerpo, meditad en el ascenso espiritual, formad la cruz cervical y dad gracias por lo asimilado.

Trazad el radio de 10 centímetros el cual representa solitario e incompleto recorrido, actuar sin finalizar lo emprendido. Haced la circunferencia para lograr el círculo de varias etapas terrenales; habéis cambiado la dirección de vuestro recorrido con el primer punto de cambio. De otra manera, al no redondear el proceso, aumentando sólo el radio, terco, haz de continuar en la soledad. Ya sabemos, representa la divina trinidad y en lo terrenal, simboliza vuestro espíritu.

Unid los cuatro puntos de los cuatro extremos de los radios configurando un cuadrado externo al círculo. La base representa lo físico, el lado izquierdo lo vital, el derecho lo emocional, el superior lo mental. En su conjunto simboliza el ser humano en su deambular por el sur, este, oeste, norte; en el mismo orden implican las fases de tierra, agua, aire y fuego por experimentar en lo terrenal. En el proceso de purificación avanzado, dicho cuaternario ha de quemarse para vuestra elevación, tal como ocurre con la plataforma de la base de naves espaciales al emprender el vuelo. Quemar significa transformar, trascender, superar.

Formad en cada lado un triángulo equilátero, para lo cual se requieren dos puntos adicionales de cambio. Es decir, llegar a esta etapa requiere por lo menos de tres grandes ajustes variantes en vuestro pasado; de no encontrarlos, continuad, sabiendo es suficiente la promesa de cumplirlos cuanto antes. Tendidos en la superficie, surgen cuatro triángulos equiláteros significando máximo desarrollo en las facetas del ser humano con espíritu latente, aislado de lo divino.

Con devoción e imaginación creativa, levantad en silencio interno cada uno de los cuatro triángulos externos para conformar la pirámide con su vértice y base cerrados. Se ofrecen a la divinidad en forma íntegra; estáis listos al cortar el vértice con la mayor bondad posible para la llegada del Iluminador. Similar a la independencia lograda con el corte umbilical, hacer la apertura en el vértice piramidal potencia la independencia espiritual de ataduras terrenales. Fluye armónica fuerza celestial, emerge el ser humano superior con máximo potencial para iniciar nueva visión, en calidad de representante de la divinidad. Levantar los cuatro triángulos en gran oferta a la divinidad, significa liberarnos de apegos físicos, mejorar la vitalidad, limpiar emociones, hacer positivo el pensar. Al soltar tales cargas, livianos se transforman en poderosas alas para volar más allá de lo humano, en el umbral divino.

Todo el proceso previo es íntimo, ratifica vuestro deseo de unión a lo divino, simboliza vuestra entrega a la divinidad. Con la cruz etérica se adquiere el bautizo de fuego para ser nombrados sacerdotes y reyes en singular misión. Meditad y repetid hasta vencer tradicionales dudas.

Para hacer la pirámide en el plano físico, poned la cartulina en la mesa, del borde inferior contad hacia arriba 18 centímetros y trazad una línea paralela. Colocad la punta de la regla en el comienzo de la cartulina y movedla hasta marcar 20 centímetros en la línea antes dibujada, unid los puntos con un trazo a lápiz. Habéis formado el primer lado del triángulo. Colocad la regla hacia abajo y encontrad 20 centímetros hacia el borde inferior. De dicho punto, marcad 20 centímetros hacia la línea horizontal superior, bajad y subid dos veces. Cortad sobre las líneas para obtener cuatro triángulos. Emparejad lo máximo posible, pegad con cinta por las caras internas, haced la apertura superior en vuestra personal pirámide. En lo espiritual habéis elaborado la esencia del conector divino; en lo terrenal, es recurso sanador. Fijad con cinta adhesiva una cara sobre el borde superior de un mesón, a diez centímetros por debajo, colocad frutas por ingerir, agua para tomar, lavar la cara, refrescar articulaciones, áreas dolorosa en el cuerpo, tonificar la piel; potencia medicinas y en especial baja alergias. Diez minutos son suficientes. Repasad el proceso descrito, haced la meditación individual sin perder detalle alguno, preparad preguntas para responder y en debido tiempo hacer la Iniciación colectiva. Amén. Así Sea.

CRUZ ETERICA

El Padre Nuestro es fórmula celestial de meditación, no para repetir a la carrera en murmullos sin sentido. Devota, silenciosa plegaria enciende la llama del corazón generando energía sublime, impulsadora del divino conector. Meditad con intensidad en su orientación y contenido para develar sublimes mensajes escondidos en rutinario recitar.

"Santificado sea tu nombre," Santo, Santo, Santo, primero Dios, el resto viene por añadidura. Cambiar la blasfemia, idolatría por alabanza al Padre impulsa vida santificada.

"Venga a nosotros tu reino," cultiva el desapego a lo terrenal, más allá de ambiciones personales; es la unidad con la divinidad aquí en lo terrestre.

"Hágase tu voluntad así en la tierra como en el cielo," es inclinar nuestra voluntad como el sauce se inclina al viento; templanza, obediencia bajan terquedad, interés, codicia; conforme a la divinidad hay sacra amistad, germen de la concordia y caridad.

"Dános hoy el pan de cada día," implica además del alimento físico, el maná caído del cielo, la gracia divina.

"Perdónanos así como nosotros perdonamos a quienes nos ofenden," baja el resentimiento y orgullo; alivia el cuerpo *vital;* propicia la *igualdad,* la *hermandad;* nos hace *partícipes de la misericordia divina.* Clarifica éter luminoso y reflector.

"No nos dejes caer en tentación, libranos de todo mal y peligro," despierta en el ser corriente la *conciencia del bien, la renuncia al mal*; con *prudencia* iniciamos el *éxodo de la dualidad,* separa las aguas pasionales en nuestro avanzar. Significa un alto a la vía en reversa de errores, de soledad.

La sagrada fórmula incluye por lo menos 27 etapas, propósitos, metas por alcanzar resaltadas en letra inclinada. De la última hacia la primera señalan pausado avance del ser corriente hacia la divinidad. Sin embargo, la oración debe seguir el orden establecido por el Maestro; es decir, saludando primero al Padre e iluminados, transformando vicios, errores en virtudes, verdades. Ir en vía contraria, igual al uso de la pentalfa invertida son actos oscuros.

INTUICION EXPANDIDA

Nos dieron libertad para organizar grupos pequeños de intercambio, análisis, reflexión. Al fin pudimos estar juntos los cinco amigos y permanecíamos el mayor tiempo posible en el campo exterior. Dani habló de primera: *"Creo haber experimentado un punto de cambio en mi dirección; ahora percibo mensajes especiales en los sueños, me siento flotando fuera del cuerpo (24). Muy nítido he oído:"Nadie hace todo lo aprendido, nadie sabe todo lo realizado," "Afuera se vive, adentro se habita." Ayúdenme a interpretar."* Gabi comentó:*"Ahora es más fácil comprender, asimilar: dentro del cuadrado terrenal se habita; afuera, es decir en el circulo espiritual, se vive. Has crecido y percibes la prisión en la cual has vivido, anhelas salir para vivir."* "Bravo, exclamó Rafa, *"Ahora el soñador explica, analiza! Referente al primer mensaje, lo relaciono a los potenciales dormidos en el inconsciente. "Nadie hace todo lo aprendido", por gran derroche de la imaginación latente. Necesitamos despertar dicho potencial por la iluminación celestial. "Nadie sabe todo lo realizado,' porque somos inconscientes de los efectos en los demás. Cuando los efectos son positivos, alentadores pueden pasar desapercibidos; sin embargo, grave es generar daños, malestar por críticas o inoportunos juicios. La primera situación invita a mayor intuición; la segunda, a cultivar la prudencia. Ambas fueron reforzadas al incorporar la cruz eterica, al abrir el vértice de nuestra peculiar pirámide. Agradezco a cada instante la tutela recibida hasta ahora, confiado anhelo entrar al mas allá de las rejas de inferior caja en la cual habitamos."*

Urí aprobaba con movimientos de cabeza, sonrió frente a nosotros, se levantó para decir:*"Represento el ser corriente deambulando por la cruz geográfica; percibo ahora cercana entrada al sendero. Ustedes lo saben! Siempre he buscado ganar dinero y para ello casi me he vendido a gente mala, causando dolor, tristeza. Vengo del fondo negativo en lo físico, vital, emocional, mental. He logrado varios puntos de cambio; lentamente se deslíen los helados barrotes de la vieja celda. Empiezo a vivir fuera de ella, he perdido indolencia al reconocer daños producidos a otros, con la intuición ha llegado conocimiento no aprendido. Siento felicidad interna al sentir tu compañía, Dani, porque en la vida física, sin saberlo, aprendí, practiqué el mensaje de tu sueño."* Hubo silencio, lágrimas, abrazos.

RETORNO ANTICIPADO

Amable Guía interrumpió invitándonos a la cueva; en grupo, nos dijo sobre anticipado aumento del nivel del río debido a mayor lluvia en las cabeceras; dicho incremento era mensaje para regresar. Similar a muchas ocasiones, fuimos sorprendidos al saber de la presencia de un río y posible retorno en descenso. En grupos de tres, debíamos subir al bote, uno adelante ajustando la iluminación de la linterna, otro en la mitad, el tercero, atrás. Caminamos hacia el interior treinta minutos, oíamos en forma progresiva sonido de agua en curso. En efecto, allí estaban los botes, abordamos en tríos para ser llevados por la corriente. Las paredes de la montaña delineaban hermoso túnel con inclinación leve y progresiva, aumentando la velocidad del descenso. La luz delantera creaba curiosas imágenes y todo era oscuro atrás. Tuve la sensación del descenso por la pelvis materna; de todo corazón agradecía pronta llegada a donde fuese. Final del conducto insinuaba cálido amanecer debido a la creciente iluminación delantera. Con relativa fuerza, el bote expulsado del túnel, impulsado hacia el aire descendió en tranquila laguna; inmensa alegría y profundo respiro, inspiraba tierno renacer. Personas vestidas de blanco nos invitaron a degustar sabrosos platos en típicos kioscos de cuatro pilares y techo piramidal. Luego de merecido descanso, recibimos provisiones para el regreso a nuestra residencia: "*Volved a vuestra vida corriente; durante siete días, asimilad el magisterio recibido sin compartir por ahora detalles con los amigos; medita; vuestra asistencia al templo, significará aceptación, decisión de continuar en el sendero propuesto. Amén.*

ASIMILAR EL APRENDIZAJE

Los cinco amigos nos miramos, compartimos deseos internos de quedarnos prudencial tiempo antes de regresar a rutinaria vida. Aceptada la solicitud, nos acomodamos en sencillos cuartos individuales prometiendo estar listos a las tres de la tarde en el kiosco más próximo. Reunidos oramos, meditamos en silencio; al finalizar sugerimos tres sesiones a la misma hora para luego irnos al día siguiente a las siete de la mañana. Kiosco circular, cuatro pilares, techo piramidal, horario peculiar nos habrían de sincronizar en silencio con los símbolos aprendidos.

"Las damas primero, dijo Dani. *Recuerdo ahora la anécdota de dos tinajas (25): Una de ellas estaba agrietada, el agua se derramaba; al llegar a su destino, sólo quedaba la mitad del preciado líquido. Al cabo del tiempo, triste le dijo al humilde trabajador, cuanto lamentaba derramar el agua durante el trayecto. El jornalero le pidió observara al retornar el lado del recorrido por donde botaba el agua. Al llegar a su meta, la tinaja agrietada había observado gran variedad de flores. Al saber de tus grietas, esparcí semillas de flores, siempre han germinado para mitigar la fatiga, han servido de adorno en la casa del patrono, ofrenda a la divinidad. Hace tiempo lo leí en un diario sobre meditaciones, me agradó, sin incorporar en mi vida su amplio significado. Frente a muchas de nuestras imperfecciones, requerimos acudir a la paciencia, tolerancia, persistencia en la ruta para cambiar los frutos, resultados de nuestro actuar. Con sana alegría, confianza hemos de cultivar la intuición para evitar al máximo crear, fortalecer grietas en los demás. Similar al mensaje de mis sueños, nadie hace todo lo aprendido, estuvo latente sin producir cambios en mi vida. Al amplificar la captación de mensajes más allá del razonar, de los sueños, más intuitivos, sin duda somos eslabones de lo divino para cumplir la misión adquirida de cargar tinajas agrietadas de peregrinos; mostrarles flores dejadas en el trayecto, a pesar de errores; aprendida la lección, cambiar de métodos, lograr ajustes en el estilo de vida."*

Gabi aportó: Voy a compartir la enseñanza provista por otro Guía, la cual todavía proceso sin completa asimilación, en el sentido de cómo evocar la respuesta obtenida por el monje. Al encontrarse con un viajero y abrir su bolso para compartir alimentos, quedó a la vista un hermoso cristal encontrado por el monje tiempo atrás. "Dámelo, por favor, con él puedo solucionar mi pobreza y otros problemas." Sin pensar, lo puso en sus manos. Al cabo de varias semanas, regresó el viajero para decir al monje: "Lo devuelvo, regálame, enséñame tu peculiar virtud (12)."

"Les confieso la incertidumbre sobre cual es el estado de ánimo por alcanzar antes de iniciar labores en calidad de auxiliares divinos. Urí pregunta, cuál es el estado de paz interior por cultivar? En similar proceso, un Guía así entregó ferviente mensaje (18): *Un sabio rey examinaba pinturas de los aldeanos en concurso para expresar la mayor sensación y actitud sobre la paz. Frente a dos finalistas, comentaba: La obra sobre la majestuosa montaña con gran cascada es impresionante. El segundo arte, similar al anterior, muestra silueta de un ave en fuerte nido construido sobre la húmeda roca, detrás de la ruidosa cascada. La verdadera paz persiste al ofrecer servicio en condiciones adversas, ruidosas. En consecuencia, gana el premio la segunda obra. Podemos ganar paz interior en la oración, meditación, coloquios especiales; recordemos, capacitan para tolerar rechazo, ofensa en el furioso torbellino de pasiones, ambiciones. Frente a ellas, emulando al ave procreando vida en la roca, seamos creativos, tolerantes, amorosos.*"

Rafa aprendió a darle tiempo al tiempo de la siguiente enseñanza china (15): *Asustado el hijo informó al padre sobre la fuga del único caballo disponible para las tareas del campo. Dale tiempo al tiempo, dijo el anciano. A los tres días retornó el caballo acompañado de hermosa yegua; los dos sonrieron. Apresurado el hijo fue lanzado al aire al montar en forma prematura a la recién llegada, sufriendo una fractura en la pierna izquierda. Llegaron los soldados reclutando candidatos para el ejército, pero al verlo fracturado, lo dejaron libre. De nuevo, tiempo al tiempo!*

"Compartamos el enfoque de la enseñanza trasmitido por otro Guía al inquirir sobre la actitud al tomar decisiones sobre otra(s) persona(s), agregó Mike: *"Una reina sentía cercana su muerte, deseaba hacer el legado de las tenencias a sus dos hijos. El mayor era ambicioso, astuto; el segundo bondadoso, ecuánime. Comunicó su deseo al primogénito, pidiéndole una valorización de su colección de arte, considerada de gran valor. "Debes ser justo al asignar el precio de cada obra, pues daré la mitad a cada uno."* El astuto y ambicioso hijo asignó mayor valor a las obras de calidad inferior con la idea de sugerir a la madre mayor beneficio para su hermano. *De vuelta, su madre, le preguntó: Has asignado con equidad, justicia los dos legados para Ustedes?* Afirmativo, afirmativo respondió el hijo. *Bien, bien; entonces, como tú eres el primogénito voy a darte las obras de mayor valor y el resto a tu hermano! (22) La moraleja incluye sutil mensaje sin uso del poder ni autoridad para ordenar; sin generar dolor e inclusive sin decisión al principio. En verdad, vamos a requerir intuición, imaginación creativa para descubrir sutiles enfoques al tratar con los semejantes. La divinidad nos ilumine. Amén.*

Practique su imaginación creativa al idear su propia Anécdota. Comparta su nueva capacidad.

SUEÑOS Y MEDITACIONES

Reiniciamos al día siguiente el mutuo apoyo a la hora indicada. Solicitamos a Gabi finalizara su aporte, pues ayer hubo al final una especie de interrupción. *"Por deducción, el monje es un gran auxiliar divino, bondadoso practicante del desapego. El viajero es inquieto buscador de la iluminación al inquirir en forma intuitiva por la generosidad, dispuesto a la renuncia de bienes terrenales. Es el aprendizaje por adquirir, la enseñanza con hechos; es mágico encuentro de alguien dispuesto a la entrega con alguien disponible a recibir. Son las sutiles rutas divinas no programables; sublimes puntos de cambio inducidos por variadas acciones, oasis en el desierto, los cuales han de reforzar, dar ánimo sin ganar petulancia en nuestra misión. Antes de continuar, oremos en agradecimiento." Después de breve pausa, Gabi expresó (16) "Señor Dios, gracias por recibirnos, tu bendición protege, tu Misericordia nos lleva por senderos curiosos, misteriosos y abres los cielos para compartir el servicio en el amor. Anhelamos abandonar las tinieblas, integrarnos en tu esplendor. Liberados, redimidos por el Señor Jesucristo; iluminados, fortalecidos por el Espíritu Santo, integrarnos al conjunto de guías auxiliares por el renacer en la divinidad. Ofrecemos vaciarnos de dudas, errores, apegos, ídolos, fantasías, ansias de poder. Enséñanos, expande incipiente túnica celestial; cúbrenos con la certeza, aciertos, desapegos, visión divina, lo verdadero, la humildad. Tú sabes de nuestras necesidades, ilumina el sendero por seguir. En Ti confiamos, de nuevo, perdón. Gracias.*

"Hemos aprendido varias maneras de meditar; quisiera saber si hay alguna forma de ajustarlas al ritmo de nuestro avance en el sendero." "Comenté al respecto con un Guía, dijo Gabi y la respuesta obtenida fue la siguiente: *Después del descenso, vais a reflexionar durante largos días, nuevos mensajes llegarán a Ustedes en variados testimonios, en sueños Revisad vuestro diario, contemplad los recuerdos. Por supuesto, ahora asimilamos lo del descenso; sin embargo, percibo, descender también implica el estado de ánimo luego de actos bondadosos ofrecidos a la divinidad. Bien, cuáles cambios han ocurrido en los sueños?* Urí *estaba con un grupo de amigos para destruir serpientes aparecidas de súbito en la vereda, las cuales erguidas aparecían de nuevo;* Dani *se maravillaba frente a carbones encendidos en recipiente de cobre;* Rafa *era absorbido por un remolino al tratar de caminar sobre el agua.* Mike *recogía, soltaba piedras antes de regresar a casa.* Gabi *pescaba al amanecer; sonreímos, moviendo la cabeza; sin respuesta, decidimos realizar trabajo individual.*

233

Al día siguiente, reiniciamos a las tres de la tarde, oramos. Cada uno compartió los hallazgos: *"Las serpientes atacaban a los hebreos en su éxodo, Moisés fue instruido para hacer una imagen de bronce frente a la cual se inclinaban los envenenados para ser curados. Simboliza al Cristo por venir, quien habría de ser levantado en la cruz para perdonar, alejar el veneno de la humanidad. Su erguida reaparición vaticina la posterior resurrección del Mesías. Los carbones encendidos fueron usados por el Serafín en la visión de Isaías, 6:6-1 en la cual el profeta se ofrece a Dios pronunciando, "Heme aquí, envíame." El Maestro podía caminar sobre las aguas, no así el discípulo; significa superar pasionales propósitos. Recoger y soltar piedras hacían los jueces de la mujer en respuesta a la solicitud, "Quien esté libre de pecado, tire la primera piedra." Pescar al amanecer es la invitación a reconocer al Señor, nos invita a compartir con El los frutos de nuestra labor en el último capítulo de Juan.*

Justo a tiempo, llegó el Guía para decir: *"Contemplad todo lo escuchado, lo anotado en vuestro diario. Con-templar es entrar al templo del corazón para ofrecer a la divinidad ideas, emociones. Incorporad a vuestro estilo los cinco mensajes en las meditaciones. Repetid la creación de vuestra cruz etérica; formad una pirámide usando la línea entre los hombros, cuyo último tercio está por encima de la cabeza, la cual debe estar centrada en los dos tercios inferiores; no hagáis por ahora la apertura superior. Todo el proceso, ha de prepararlos para la definitiva iniciación, más allá de personal inspiración. Nos vemos en el templo.*

Llegamos a nuestra residencia el jueves por la tarde; descansamos, salimos a caminar sin rumbo fijo. Circulaba por todos los medios invitación dominical a las diez de la mañana con motivo de una sesión especial, auspiciada por el Comité Inter-religioso de toda la región. Urí comentó: *"Es en el templo, coincide con nuestra ceremonia!" "Era de esperar de los sabios Guías,* aclaró Dani, *no hay exclusivo, personal llamado divino; siempre disponible para quien tenga oídos, ojos para escuchar, ver."* Sonriente, Mike se despidió diciendo: *"Visitemos familiares, amigos, nos vemos en el templo. Gracias, Señor.*

ESPECIAL CEREMONIA

Gran asistencia; el oficio religioso seguía curso habitual. El monje oriental inició central mensaje: *"La paz sea con vosotros; y con tu espíritu,"* respuesta de los participantes. *Todos somos en mayor o menor grado buscadores de lo divino; en todas las culturas anhelamos retorno al cielo, nirvana, samadhi implorando inmersión en lo celestial. La cruz, considerada símbolo especial del cristianismo; se haya incorporada en todos los tiempos y culturas; la pirámide de mayor aceptación oriental, se encuentra en todos los continentes. Vamos a conformar un torbellino ascendente, un conector divino mediante la cruz etérica. Separaos lo suficiente para extender los brazos sin perturbar al vecino. Cada uno imagine el punto central de la tierra, por donde baja el eje magnético de la tierra. Recordad la valiosa orientación de la brújula a marineros en mitad del océano. Similar dirección vais a recibir para escapar del mar pasional de vuestras vidas. Trazad línea ecuatorial sobre el eje magnético para conformar la cruz de brazos iguales. En el centro de tal belleza, extended los brazos, formando la cruz corporal; moved la cabeza al máximo hacia delante-atrás, izquierda-derecha para ser conscientes de vuestra interna cruz. Colocad vuestras manos extendidas en el pecho, elevad la cabeza, orad en silencio el Padre Nuestro.*

Imaginad la pirámide sobre los hombros, elevemos vuelo majestuoso más allá de lo personal, conocido, lo conocible. Gracias. Así Sea."

Luego de significativo silencio, pasamos al patio delantero, disfrutamos variados manjares y refrescos. Sin previo acuerdo, buscamos al monje oriental pero nos invitaron a servir alimentos a los participantes. Terminada la faena, nos informaron sobre la partida del monje hacia su próxima estación. Finalizado un ciclo, nuestra labor estaba por iniciar. Sonreímos, nos abrazamos.

Juntos compartimos reacciones de los participantes de la ceremonia: *"Me pareció importante la compatibilidad de la cruz y la pirámide en diversas religiones, trabajan por un enfoque solidario, menos competitivo entre oriente y occidente? De ser así, me gustaría saber más de Ustedes; quizás, incorporarme al grupo."* *"En realidad, sólo sé del corazón impulsando sangre hacia el cuerpo, de los infartos mortales debidos a la mala dieta; es cierto lo del templo en el corazón?* "*Necesito cambiar mi vida, me pueden guiar?"* *"Soy agente de ventas, cómo consigo la distribución de cruces y pirámides"? "No creo en esos sueños de elevación a lo divino, aquí nacimos, morimos y punto."* Sentimos el gran abanico de ideas, sentimientos, creencias, posturas frente a lo divino; nos sentimos entusiastas en calidad de auxiliares celestiales y abrimos en la región cinco sitios de Consejeria espiritual. *"Demos tiempo al tiempo, sabremos el sendero a seguir.".* En breve ceremonia, fuimos invitados a coordinar actividades para un nuevo peregrinaje a Belandia.

SUBLIME MISION

Recibimos inspiración al sentir la ascendente espiral y la cruz etérica, versiones de la misma verdad en dos grandes corrientes hemisféricas. La bondad divina pule mensajes humanos al ser motivados por altruistas anhelos. Llega el tiempo, reto, oportunidad de retornar beneficios a seres solitarios, dolidos, temerosos; habituados a oscuras escenas en espera de rayos luminosos. Puede hacerlo en calidad de amigo, consejero, guía espiritual; laborar en individual forma. Alternativa complementaria es promover Centros de Reencuentro Espiritual (CREE) en su medio cercano. Tres escenarios, bíblico, indígena e hindú, generan pautas para fomentar, expandir su nuevo rol al retornar lo recibido. Hacerlo sin interés, eleva nivel vibratorio en espiral, avanzando en su identificación con lo absoluto.

Así fue enviado Ezequiel a un pueblo de frente dura, corazón empedernido para compartir las verdades inscritas en un libro, que hubo de comer, simbolizando su asimilación por el corazón espiritual (10). Al compartir los previos capítulos bajo inspiración, revelación celestial, también contactamos seres de corazón endurecido, mente racional. Es el motivo por el cual no usamos epílogo tradicional de una obra finalizada; todo lo contrario, iniciamos compasiva misión de fomentar reciprocidad, amor; reparación grupal colectiva e individual,

El profeta es advertido sobre la arrogancia, exceso de violencia, idolatría, falsos profetas, dirigentes corruptos a quienes debe transmitir la urgente necesidad del cambio. El panorama es similar en la actualidad en grupos minoritarios, exilados, terrorismo, escándalos económicos. El capítulo 18, resalta la responsabilidad individual:"*Si el justo se aparta de su justicia y hace injusticia, por ello morirá. Si el impío se aparta de la maldad, practica el derecho y la justicia, su alma vivirá.*" En este sentido, nuestra labor ha de sacarnos del error, permanecer en lo correcto, practicar el bien a nivel individual, familiar o en grupos pequeños.

Durante largo periodo, Ezequiel estuvo silencioso y a su debido tiempo, recuperó el habla. Nos invita a la reflexión interior, la práctica de la prudencia, la permanente búsqueda de la palabra oportuna.

El simbolismo y la creatividad dan fuerza especial a los mensajes: Cuatro querubines son descritos en forma de seres vivientes, hombre, león, toro, águila. La vid inútil es echada al fuego; el cedro, ensoberbecido por llegar con su copa hasta las nubes, es destruido. Clara invitación para adornar, profundizar la enseñanza con poesía, anécdotas, alegorías surgidas de renovada imaginación creativa.

La sabia tradición indígena presenta la natura como gran escuela del aprendizaje:*"El Gran Espíritu nos ha dado la naturaleza para deambular, cazar, pescar, vivir en lo abierto. Cuando nuestros niños maduren, el mismo Gran Espíritu les enseñará correcto actuar por medio de la tradición, cielos, árboles y aves,"* (Old Chief Mane.)

Krisna visualiza la guerra interior de Arjuna para liberarse de las garras del poder, la ambición. Iluminado, el hombre guerrero se eleva sobre su angustia para seguir la vía de la salvación, incluyendo búsqueda divina, libre de dualidad, desapego a los frutos del trabajo; disolución del "yo, mi, mío," en la caja del ego. Ratifica renuncia a lo físico, meditar en las gradas del ascenso hacia cósmica visión Sinceridad, ecuanimidad, serenidad; simpatía por todos lo seres sin reparar en sus faltas son atributos divinos propios del hombre y mujer celestiales.

CENTRO DEL REENCUENTRO ESPIRITUAL (CREE)

La búsqueda del acceso a puertas divinas puede perdurar a nivel individual por variable período de tiempo. Al levantar vuelo en rumbo solitario, confiamos todavía en alas sico emotivas del poder personal. Al ganar iluminación hemos de percibir necesidad de ascender en grupo, quizás, en agrupación triangular, con líderes alternos, sin apegos al poder ni arrogancia, humildes de corazón.

Lejos de protagonismo transitorio, prima el compromiso individual en la familia, estudio, trabajo, en la sociedad en general aportando lo mejor de cada uno al bienestar sico emotivo, al desarrollo espiritual. Luego, el mutuo apoyo en grupos es solidaria señal de modestia actitud de potenciar la asistencia en acción conjunta.

En verdad, representan los senderos de la revelación y del servicio, separados al comienzo por algún tiempo, pero integrados con variable intensidad en el nuevo recorrido. El énfasis de la primera parte de la obra es la revelación sobre el ser integrado en su pensar, sentir. A partir de la Isla Diamantina, el trabajo es conjunto entre buscadores y guías auxiliares ofreciendo soporte a quien lo solicita. Incremente, apreciado Lector, su percepción de las dos vías separadas al principio, su variable integración al revisar de nuevo capítulos y detalles al respecto. Ha de fortalecer su genuino aporte al grupo en formación.

El Centro puede iniciar con tres integrantes en sitio comunal, institucional, dejando la residencia personal como opción transitoria. La principal razón es perturbar lo menos posible a otros miembros de la familia con baja motivación sobre el tema. Ajuste las siguientes sugerencias:

Mantener el número de participantes activos menor a diez por un periodo de siete meses. Confiar en la difusión boca a boca, sin propaganda especial.

Propiciar enfoque pluralista invitando a vecinos, amigos de otras tendencias culturales, religiosas resaltando el carácter universal del Centro, sin búsqueda de adeptos.

Adoptar un día semanal y horario vespertino, con poca interferencia de actividades familiares; jueves de seis a nueve en la noche suele estar disponible. En forma rotatoria, alguien aporta bebidas, pasabocas simples, sin mucha complicación. Excelente la participación de hijos, amigos.

Por supuesto hay gran variedad de autores, métodos por consultar y utilizar. Por consenso, agreguen siete libros en calidad de textos de consulta; incorporen la Biblia y textos sagrados ampliamente conocidos. La anterior postura clama por enfoque universal, descarta aportes exclusivos de seres luchando por autoría de verdades cósmicas, accesibles a todos los buscadores.

Al decidir la conformación del grupo, será de gran utilidad releer la Isla Diamantina y anotar múltiples detalles sobre la asesoria y dirección de los monjes para ganar conciencia del estilo esperado en los Centros en referencia. Hay mucho por develar en el presente milenio, esperamos el aporte creativo de muchos de Ustedes en próximas obras. Así Sea

SOMOS CELESTIALES

Múltiples peticiones hicieron posible un encuentro de los monjes y los nuevos guías con el anhelo de compartir experiencias, actualizar enfoques, ampliar perspectivas. Luego de amplia información, se aceptaron las primeras cuarenta solicitudes llegadas al grupo coordinador. Los temas centrales agrupaban sugerencias y preguntas de los participantes; tres grupos consolidaron sus puntos de vista. El documento de cada grupo debería ser meditado por cada integrante antes de hacer los ajustes finales. La reunión tuvo lugar en el pueblo del manantial cercano a la salida del río interno de la montaña mágica.

ARBOL MISTICO

"Revisa en Belandia, el árbol con raíces arriba, ramas esparcidas en la ciudad ofreciendo frutas y flores. Los peregrinos lo visualizan sólo después de la unificación de sus cuatro tendencias; similar logro ha ocurrido con vosotros por largo recorrido o bien, continúa madurando en lo interior.

"Contemplación y meditación, frutas del árbol de la vida, se funden la una con la otra en la actitud de conectarse a lo celestial: la primera responde a la imaginación creativa, la segunda soluciona dudas con la mente abstracta.

Contemplar equivale a observar en forma relajada sin juicio ni expectativas por resultados. Es lenta integración, dejarse llevar a un ambiente determinado: Admirar un atardecer, un amanecer; caminar en silencio por la playa sintiendo la espuma entre los dedos de los pies. Sin explicaciones, se captan especiales mensajes expresados más adelante en intuiciones, sueños, llegada de un libro; especial asesoria. En la vida interior requerimos de la imaginación creativa para delinear, dibujar la escena simbólica de la situación por aclarar. Supongamos un padre preocupado por la pérdida de su hijo envuelto en adicciones, anhelando poder ayudarlo. Primero es orar a la divinidad, pidiendo orientación a todos los padres en la comprensión de los hijos y agradecer por la futura ayuda. Se imagina luego en la cima de una montaña, en un hospital, en un oasis del desierto; ve llegar un desfile de jóvenes similares al hijo; observa en ellos problemas físicos, angustias, temores, alucinaciones; les brinda protección, abrigo, los abraza, inclusive llora con ellos. Cierra los ojos, el escenario queda en blanco, la imaginación cesa, el silencio predomina; quizás un suspiro o un evento lo ha de retornar a su conciencia física. En realidad, todo el escenario fue depositado en la cámara de la meditación y las respuestas han de llegar bien sea por directa revelación, sueños, escenarios pictóricos.

En la vida exterior, meditar sobre una situación especial se refiere al proceso mental de encontrar causas, motivos, con el propósito de modificar resultados, consecuencias. Hay confianza en la capacidad analítica y resolutiva del reto en referencia. En velada actitud hay mayor expectativa por encontrar respuestas claras, específicas. En la vida interior, luego de la usual relajación el escenario se llena de relaciones entre los eventos detallando más la secuencia entre causa y efecto dentro de la misma persona. En la situación del anterior padre, hay ahora mayor interés en descubrir errores cometidos con el hijo, identificación de actos, ejemplos erráticos. Aun cuando el objeto de la meditación es el hijo, hay mayor concentración en la posible contribución paternal al problema y por lo tanto interpretar mejor y ayudar en la solución. De todas maneras, terminado el proceso reflexivo, adviene similar pausa de silencio, cesa el intento de manejar la cadena de causalidad y otro suspiro le devuelve la conciencia física. En realidad, todo el proceso fue depositado en la cámara de la contemplación y los resultados llegan en intuiciones, corazonadas, visiones.

Universal símbolo del árbol integra el anterior proceso: absorbentes raíces representan simbiosis del conocimiento afectivo; la oración impersonal es el tallo soportando dos grandes ramas con la contemplación y meditación. Cultive su árbol místico a la entrada de su jardín espiritual con fértil abono de obras buenas y amor expresado al prójimo. Al disipar dudas, temores, con fe y confianza solicita celestial pasaporte ofreciendo tu anhelo de representar, ser guía en el mundo corriente. Sin esperar mensaje de aceptación, inicie su nuevo rol con entusiasmo.

SUMISION DEL YO INTERNO

La fuerza y energía de buenas obras; la reparación hecha en lo transcurrido de la vida; arrepentimiento y perdón; tolerancia y amor continúan nutriendo su propio árbol místico. Apoyado en su tallo, observe ahora el ser externo en variados roles; concéntrese en sus luchas por lograr metas; sienta la llegada y despedida de fracasos, traumas en la paz del amanecer; observe el desfile de éxitos, alegrías con la melancolía del atardecer. Es decir, abrace su alegría con tristeza y la tristeza con alegría.

Véase niña/o con su familia; sonriente abrace, perdone a padres, hermanos. Si hay recuerdos negativos, dolorosos sienta la oscuridad de la noche y la llegada de radiante luz, borrando tales escenas. Haga similar recorrido en otras experiencias ilumine lo tenebroso, agradezca lo tierno. Observe su ego fragmentado en contradictorias acciones en calidad de esposo, madre, trabajador, hijo, fiel religioso. Abandone dicotomías en los variados roles, facilite su transición al ser universal libre de rencores, discriminación, incapaz de lastimar a semejantes, a la misma naturaleza.

El ser universal piensa con amor, siente al pensar; elimina prejuicios, reacciones, decepciones, amarguras. En su vida diaria, en especial en el tallo de su oración, siempre usa el plural; ofrece el servicio sin interés; comparte su nuevo estado con respeto, sin proselitismo en nombre de grupos especiales. Al representar al ser interno en el mundo físico, es regido por leyes cósmicas; acepta lo temporal de su misión considerándose un emigrante al servicio de un pueblo en gran necesidad; goza sin apego de sus buenas condiciones. Celestial diplomático funciona en el mundo terrenal pero vive y se nutre en el mundo espiritual para ser agente, guía de los seres fragmentados en luchas estériles.

FANTASMA DEL PODER

La ambición por controlar y dirigir a los demás siempre late en el corazón del ser corriente; se manifiesta por la tendencia a crear grandes asociaciones, las cuales oprimen a sus miembros. Es propio mantener pequeñas y medianas formas de asociación para intercambiar progresos, celebrar eventos, revitalizar procesos. Expresiones, "soy de tal equipo, partido, religión" sólo refuerzan rezagos del ser externo. Sin reino en el mundo, hemos de sentirnos tiernos, humildes seres cósmicos, sin ataduras mentales, emotivas.

La añoranza, sugerencia de tener un líder espiritual con amplios poderes para unificar conceptos y procesos no es peculiar del mundo espiritual. "Mi Padre y Yo somos uno, vosotros podéis ser como Yo; la gloria recibida, la he dado para vuestra unidad con El, así como nosotros somos uno para ser perfectos," son las últimas palabras del Maestro antes de ser vendido a temporal poder civil y religioso.

La ambición de poder económico, social, mental es propio de falsos profetas pregonando últimas revelaciones adquiridas por méritos especiales. Recordad el principio cósmico de la unicidad, "Pedid y se os dará; todo esto y mucho más podréis hacer en mi nombre." Es lícito recibir donaciones para vuestras actividades siempre y cuando no sean condicionantes de las tareas a realizar.

Incorporen personalidades, deportistas artistas, para ofrecer recursos esenciales a seres en crisis en países o áreas pobres. Abismales diferencias en el ingreso económico con tremendas barreras para la movilización social mantienen doloroso karma en los países ricos, no necesariamente desarrollados como se auto denominan. Cada grupo espiritual además de influir en su ambiente cercano, debe incorporar actos compasivos con grupos lejanos en

*increíbles crisis. Hermosa actitud solidaria es requisito vital
para constante actualización de nuestra divina ciudadanía*

ENTRE NOSOTROS

Anhelamos completar los mensajes de la obra y facilitar su consulta según temas especiales vinculados al doble propósito de superar marchito deambular, servir de antorcha a nobles candidatos en actividades grupales. Brindamos 29 tópicos para ser revisados por Usted al iniciar, finalizar la lectura del libro; o al ofrecer asesoría personal, grupal. Provienen de preguntas, aclaraciones en seminarios. El número a la derecha indica la página del tema referido.

1) *Amor Universal*   183

La instintiva atracción animal aprovecha el celo de la hembra para procrear, mantener la especie; ausentes de unión filial son capaces de bellas asociaciones en manadas, jaurías, colmenas. Tal esencia del *amor silvestre*, expandido por la ternura, devoción de la recién pareja e hijos, se eleva al *amor paternal, maternal*. El ser humano agrega al desarrollo individual un especial sentido de auto aprecio, *amor por si mismo* y parientes creando nexos familiares según entorno social, cultural, con gran protección a sus integrantes sin gran relación ni cuidado de similares grupos. Excelente *amor familiar,* fortalece a sus integrantes, no debe coartar derechos y libertades de otros. Universal amor, pleno de altruismo, libertad, sin barreras, confiado en poder divino, es armoniosa onda expansiva. La anterior sucesión de cambios significa su primer recorrido hacia lo superior. Cúbrase de paciencia, coraje al avanzar por vía empinada plena de obstáculos y criticas.

2) *Amor Personal*   176

Mejor descrito como querer a una persona es centrado en afecto posesivo, es etapa intermedia para llegar al universal sentimiento antes descrito. Para elevar el nivel de vida grupal, promueve explotación de múltiples recursos con mínimo respeto a la biodiversidad, sin considerar el dolor de los menos favorecidos. El poder personal estimula soberbia confianza en su capacidad de crear y resolver los problemas sin ningún sentido de conexión a mundos superiores. Variada, compleja mezcla de los anteriores procesos tipifican al *amor humano*, por egocentrismo, control, freno, límites territoriales, auto interés, centrado en poder mental; en su conjunto, tendencia a la contracción.

3) Anhelo Familiar 119

Loable ambición de principiantes en la lucha humana, pronto ha de requerir complemento con lo divino. Todo avance de recursos en el grupo familiar debe seguir sabia tendencia a la solidaridad con grupos menos favorecidos. La indolencia social devuelve letal efecto similar al nocivo efecto de la polución ambiental. Es lento el avance espiritual con la óptica centrada sólo en familiares.

4) Apoyo Creativo 132

En esencia, dar siempre con enseñanza, capacitación, es servicio solidario con los necesitados; oportuna reparación en los mismos niveles de la faltas cometidas; ingeniosas actividades de patrocinio comunitario ilustran la aplicación de incipiente amor universal.

5) Ascenso Espiritual 121

Entre lazados con problemas en el hogar, estudio, trabajo es casi imposible plantear soluciones adecuadas; traumas previos por falsos maestros han provocado tremendas fobias a lo sobre natural. Por ello, terapeutas de varias disciplinas sugieren acordar un alto en la agresividad usual, vacaciones cortas, aprender a ver la situación desde afuera; inclusive sentar el problema en una silla, dialogar, pactar; ajustar enfoques religiosos. Para nuestro viaje al más allá requerimos romper viejas ataduras, modernizar el equipo con imaginación creativa, servicio y amor. En el *"Tiempo del Señor,"* con celestial revelación lentamente ascendemos

6) Auto examen   156

Enumere sus principales decisiones y el impacto de las mismas; al encontrarse en el diez por ciento excitado o deprimido, sin vacilación consiga ayuda profesional. Su enfoque de la vida y situación actual obedece además de tendencias genéticas a comportamientos en vidas previas. Abandone rutinario tiempo; entre al manejo de causas y transforme secuelas. Al zarpar de su amor humano, en renovada relación a lo divino, le han de llegar sutiles mensajes en inspiradores sueños. Escríbalos.

7) Bajar Prejuicio   144

Potencie su memoria y análisis por medio de la intuición, cercana a la mente abstracta en su nueva óptica de arriba hacia abajo, Elimine sus depósitos en la alcancía de juicios sobre los demás; visualice triste final del alacrán con sus hijos a cuesta.

8) Crisis de Hijos   137

En calidad de hijo y de padre vea las crisis desde los cuatro costados; de afuera hacia adentro, enfrente posibles causas sin mucho énfasis en las consecuencias. Reflexione de nuevo sobre el apoyo creativo y reajuste con la familia.

9) Dar con Propósito   133

Seres redimidos en el mundo actual han superado la fase penitente por arrepentimiento, reparación y entran a cierto ritmo en la esfera del amor universal. Para superar la etapa del dolor causado a otros, recibieron favores ligados a una enseñanza para despertar un potencial y avanzar. Dar limosna a un mendigo, a un niño de la calle es loable; sin embargo, la mayoría de las veces es puntual, pasajera sin romper cruel cadena en dichas condiciones. Promover solidaridad, agregando al recurso ofrecido un propósito de cambio sustancial, es propio de seres redimidos, promueve ingenioso entrega de ayuda recibida y uso de latentes dones

10) Digerir Libro 235

Ezequiel adquirió gran compromiso de enfrentar un pueblo de corazón endurecido por lo cual no era suficiente leer sino comprender a fondo la obra recibida. De corazón endurecido es su primitivo yo, familiares cercanos sumidos en creencias tradicionales, amigos solicitando cambios mágicos sin gran esfuerzo ni dedicación; sobreviva a críticas por su curioso esfuerzo. Aun leyendo la sinopsis en curso, aleje la pasiva lectura: Con diario en mano, haga su propio comentario del titulo del tema, lea la anotación, vaya al párrafo(s) del libro; consigne dudas, aclaraciones; diseñe ilustraciones, gráficas, símbolos. Afine abstracción, pula intuición.

11) Escéptico 131

Otro gran escollo, tío de la duda sistemática, anclas del navegante sin brújula. Frente a semejante obstáculo es muy benéfico participar en grupos, leer en pareja, compartir testimonios. En muchos casos, peor a murallas entre países, aísla en lastimoso retroceso. Para terapeutas y guías obliga a permanente innovación; paciente, ingeniosa adaptación de mensajes y procesos.

12) Fuente de la Generosidad 229

Imposible explicar desde el ámbito mental la fuente de tal impulso; amerita sensible cambio a la esfera emotiva donde es posible cultivar el esquivo desapego en la cultura occidental y el servicio sin esperar ganancia. Su mejor símbolo es silenciosa labor de los vegetales, fortaleciendo raíces; combinando agua con nutrientes; absorbiendo gas carbónico para retornar oxigeno; al final entregar flores y frutos en actitud universal. Se percibe mejor, practicando.

13) Interno Reciclaje 208

Proceso iniciado con el auto examen es pilar esencial en la nueva perspectiva del superior yo por moldear. Amerita valentía, perseverancia, fe en el amor universal.

14) Llave Mística   126

Medite sobre la visión reflexiva para ubicarse en el desarrollo espiritual. Voluntad y pensamiento unidos son fuente del apoyo creativo; descubra doradas capacidades escondidas en tremendos potenciales anímicos no usados antes. Articulados en especial soporte a los demás, se descubre nuestro bello ser interior, capaz de inducir la generosidad antes mencionada.

15) Modere la Ansiedad   229

Demasiada ansiedad requiere ayuda profesional; mucho ayuda la postura china frente al tiempo sicológico; mayor paciencia entre la secuencia de causas y efectos.

16) Oración del Guía   231

Plegaria sugerida para los aspirantes al rol de guías. Cada grupo debe ajustar a su estilo y tendencia.

17) Orientación Grupal   152

Prudente dirección, énfasis en relaciones, aceptar variedad de tendencias, comprensión de la situación a enfrentar, buena dinámica de comunicación son detalles por resaltar.

18) Paz interior   229

No podemos pedir a los demás, lo no aprendido por nosotros mismos. La agresión y la angustia por conseguir logros consume la energía vital, debilita y aumenta la confusión. El adecuado consumo energético en condiciones azarosas sin abandonar nobles tareas prueba la serenidad y el temple de seres ejemplares en la acción.

19) Penitencia   162

Aumente su conciencia de errores, delitos cometidos al visualizar su propio drama hasta la niñez; impregne dicha visión con arrepentimiento, reparación y avance por ahora imitando el buen ladrón, al lado de Jesús oyendo,"*Mañana estarás conmigo en el Paraíso.*"

20) Postura Universal   212
Tolerancia religiosa en el milenio en curso incumbe a todos y cada uno de los seres abrazados por amor universal. Es la diversidad por obtener en el jardín multicolor donde agrada tanto lo corriente como lo exótico.

21) Revelación Divina   139
Esplendoroso regalo celestial no es comprable; se recibe por méritos y debemos estar vacíos de conceptos y vanas ilusiones. Tierra, agua mezclados en barro convertido en frágil obra, requiere intenso calor para su consolidación, antes de la decoración multicolor. En similar proceso, el equilibrio entre el conocimiento y la emotividad amerita soplo celestial antes de la iluminación.

22) Sabio Legado   230
Padres, maestros, guías asimilen máximo provecho de la orientación ausente de poder lógico, uso de autoridad al optar soluciones. Igual enfoque resalta el yo anhelante en su antiguo molde del yo primitivo.

23) Símbolos Ancestrales   126
Cada rama del saber desarrolla especial forma de expresar teorías y utilidad logrando comunicación clara, coherencia y precisión de sus ideas. En el ámbito espiritual, la aceptación y uso de las mismas, depende en gran parte de su ubicación inicial en los cuatros grupos de peregrinos en Belandia; reflexione de nuevo en los mismos para explicar su especial tendencia. Puerta al sol, grada al firmamento, ventana del alma buscan unión a lo celestial; molino místico, pan de vida, agua viva implican transformación; abrazar el aire, caminar sobre el agua, soplo divino anhelos por alcanzar;

recuerde usar su chequera cósmica cancelando deudas y aumentar saldo positivo. La espiral, la pirámide y la cruz usados con ligereza en el mundo exterior son por excelencia símbolos internos para usar en nuestro viaje espiritual.

24) Sueños Testimoniales 226

Similar al termómetro, balanza, tensiómetro, cinta glicémica útiles indicadores de la salud física, los sueños nos hablan de la salud mental, emocional y el grado de unión a planos superiores. Al acostarse, pida ayuda en su actividad onírica; al levantarse resuma en su diario detalles especiales. Hay excesiva oferta comercial para interpretar sueños puntuales; preferimos anotar y esperar un mes para comparar con los sucesos o intuiciones recibidas. Al comparar, ganamos certeza con particular mensaje de variadas combinaciones de las cualidades de tierra, agua, aire, fuego y éter. Igual, adecuamos el simbolismo de animales a nuestro contexto.

25) Tinaja Agrietada 228

Desvíos, faltas, excesos personales se asemejan a grietas consumidoras de la energía divina. El ejemplo del aguador es gran reto a nuestra imaginación para sublime cambio. Incluya las anécdotas sobre la paz y generosidad adaptadas de Contacto@Renuevodeplenitud,org.

26) Tormenta Familiar 119

Anhelamos haya renovado su enfoque frente a similares situaciones; aun más sublime si en pausado auto examen puede visualizar oscura cortina de humo llegando a su hogar para enfrentar las causas de la misma.

27) Tragedia Humana 128

Con sexto sentido hemos de comprender la madre naturaleza, donde encontramos siempre los pares alternos de tristeza, alegría; veneno, antídoto; agresión, ternura. Para visualizar el drama humano, con respeto, cambie el nombre del animal con su nombre o el de otra persona con quien desea mejorar relaciones. *"La hiena ríe sin sentido*; el loro *repite de memoria*; el cerdo *incapaz de elevar su cuello hacia el cielo*; el toro *empecinado en ilusoria lucha*. La otra escena incluye: El delfín *habla especial lenguaje;* la paloma *lleva el olivo de la paz*; el pingüino *protege su descendencia de glacial frío*; la mariposa *emerge de la oscuridad*; el fénix *renace de cenizas*.

28) Unicidad 183

Mejor definida como tendencia a la unidad, difiere de lo único y del uno. Es reiterada tendencia a resaltar aspectos comunes en la diversidad cultural, social, económica, religiosa. La unicidad aglutina letales procesos de crueldad en fronteras, sesgo racial, económico y dicotomías para fundirlos con el *"fuego vivo de la zarza."*

Imposible de lograr por esfuerzo mental y sana motivación, cultivada por la imaginación creativa florece en universal amor, es regalo de mundos superiores.

29) Violento Exodo 190

Doloroso testimonio de oscura ruta ilustra la factible recuperación de todo ser humano, aspirando a la redención. El éxodo ha de ocurrir en forma inexorable en su entorno físico, emocional y mental, con diversa intensidad al avanzar en la búsqueda espiritual. Vuelva al Pueblo Cenizo, deténgase en las experiencias observadas por Juan, amplíe sus promesas; adáptelas a su recorrido y aproveche ahora su oportunidad para avanzar.

**Sin despedirnos, agradecemos mutuo esfuerzo,
Tampoco hay final conclusión,
Al sellar sagrado compromiso
De continuar Singular Labor,**

Nuestro Compromiso Ahora

"Confío sólo en mi capacidad,
Vivo ilusionada,
Pensar es vivir,
Buenas relaciones son prioritarias.

Cuatro perfiles muy frecuentes por doquiera,
Aislados de universal conciencia,
Ameritan tu creativo apoyo para cambiar.

Comparte lo asimilado en grupos especiales,
Imitando cósmica enseñanza del eterno Maestro:

"Yo Soy el Camino, la Verdad y la Vida."

Made in the USA
Las Vegas, NV
17 February 2024

85823893R10144